Maria Thun

Gärtnern nach dem Mond

AUSSAATTAGE,
PFLANZZEITEN,
ERNTETAGE

KOSMOS

INHALT

VORWORT

Als Kind, auf einem Bauernhof aufgewachsen, durfte ich schon früh bei Arbeiten im Garten mithelfen. Ich war glücklich, wenn ich die wunderbaren Blumenbeete der Großmutter jäten durfte. In großen Töpfen hatte sie Thymian, Lavendel, Rosmarin und Myrrhe. Im Winter holte sie diese Kräuter ins Haus und stellte sie in die Diele, weil sie dort vor Frost geschützt waren. Es war ein unbeschreiblicher Duft, der im Winter das ganze Bauernhaus erfüllte.

Mein Interesse für Salate und Gemüse und ihre Pflege kam erst später, als ich sie für die eigene Familie anbaute. Unbeschreiblich genoss ich aber schon als Zehnjährige die enormen Duftunterschiede der Salatwürzkräuter und der Pflanzen, die für die tägliche Teezubereitung geerntet wurden. So steigen heute noch bei der Ernte von Ysop, Fenchel und Dillblättern Erinnerungen an Begebenheiten der Kindheit in mir auf.

Hatte die Mutter Beeren gepflückt, ließ sie uns mit geschlossenen Augen an den Beeren riechen und prüfte dann, ob wir die Pflanzen erkennen. Das Gleiche übten wir mit Wiesenblumen und Heilkräutern.

Später stellte ich fest, wenn ich nachts unter Bäumen ging, dass die verschiedenen Baumarten ganz spezielle Düfte aus den Blättern ausströmten. Ging man unter einer herzhaft würzigen Eiche und kam dann an einer Thujahecke vorbei, führte ihre Ausduftung zu einer starken Ernüchterung. Streifte man einen Wermutzweig, der aus Versehen aus einem Zaun herausschaute mit der Hand, war der bittersüße Geruch noch lange wahrzunehmen.

Als ich später Rudolf Steiners „Landwirtschaftlichen Kurs“ las, in dem er sagte, der Landwirt müsse hellriechend werden, hatte ich für diesen Begriff größtes Verständnis, denn bei allen Gartenpflanzen kann man gute und schlechte Qualitäten am Duft, Aroma oder üblem Geruch feststellen und unterscheiden.

Ich halte es für sehr wichtig, dass wir unsere Kinder in dieser Weise anleiten, eine bessere Beziehung zur Pflanzenwelt zu gewinnen, dann kann der Garten zu einer wertvollen Kraftquelle für den Menschen werden, er ist eine kleine Lebenswelt, in der der Gärtner schöpferisch werden kann und sich zuweilen Kindheitsträume verwirklichen lassen.

Maria Thun

ERFAHRUNGEN FÜR DEN GARTEN

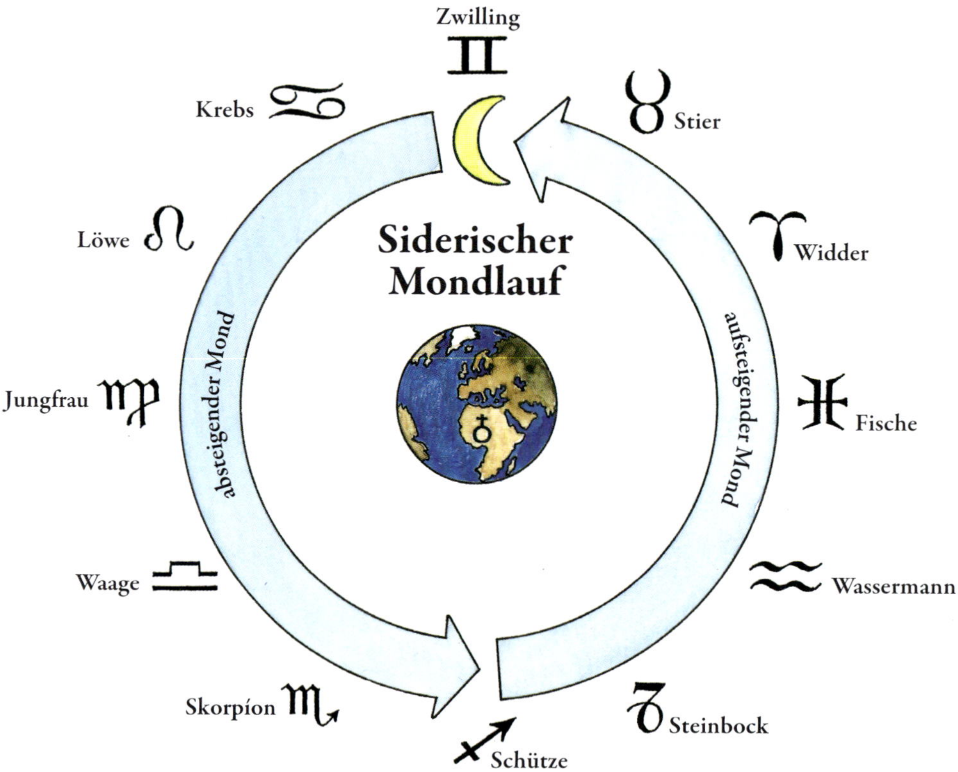
Zwilling
Stier
Krebs
Siderischer Mondlauf
Löwe
Widder
Jungfrau
absteigender Mond
aufsteigender Mond
Fische
Waage
Wassermann
Skorpion
Steinbock
Schütze

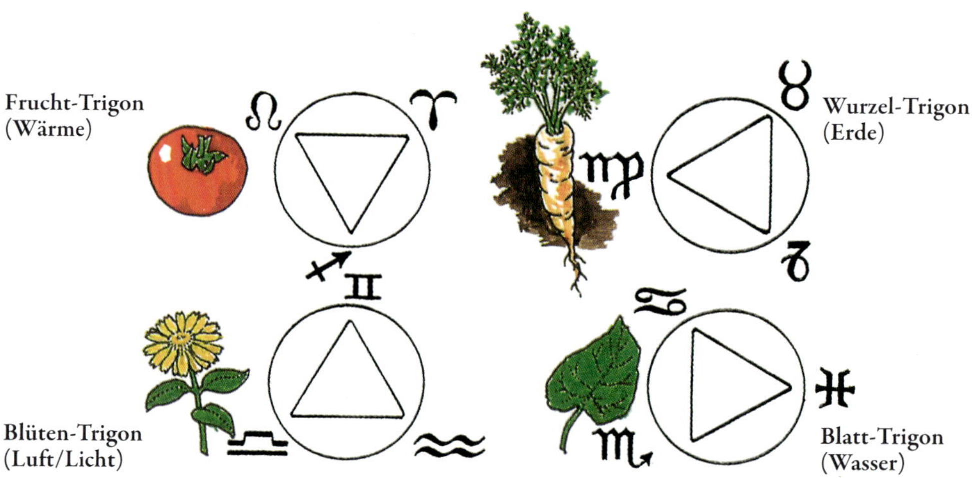
Frucht-Trigon
(Wärme)
Wurzel-Trigon
(Erde)
Blüten-Trigon
(Luft/Licht)
Blatt-Trigon
(Wasser)

DER TIERKREIS

Der Tierkreis besteht aus zwölf Sternbildregionen, vor denen wir von der Erde aus die Sonne im Jahreslauf erleben. Der Mond und alle Planeten bewegen sich nur vor diesen Sternbildern. Bei dem Vorbeigang des Mondes und der Planeten an diesen Regionen vermitteln sie Impulse auf die Erde (siehe Zeichnung auf der Seite 121).
Die Pflanze hat die Fähigkeit, Wirkungen, die von diesen Gestirnen ausgehen, in ihrer Gestalt sichtbar zu machen. Auch in der Bildung von Nahrungssubstanzen, wie zum Beispiel Eiweißen, Fetten, Kohlenhydraten und Salzen, lässt sie sich von kosmischen Rhythmen anregen und im Wachstum impulsieren.
Die Grenzen bzw. Übergänge von einem Sternbild zum nächsten fanden wir, indem wir mit vielen Pflanzen stündlich Aussaaten machten. Dies war zwar ein riesiger Arbeitsaufwand, aber die Pflanzen zeigten uns den Weg der Einzelimpulse deutlich. Dabei traten Verschiebungen auf während der Erdnähe (Pg) und der Erdferne (Ag) des Mondes, die für jedes Jahr neu festgestellt werden müssen, um sie für die Angaben in unserer Schrift „Aussaattage" benutzen zu können (siehe auch Seite 17).

Die Sonne steht in der Gegenwart zu folgenden Zeiten vor den angegebenen Tierkreissternbildern:
- Fische vom 11. März bis 17. April
- Widder von 18. April bis 12. Mai
- Stier vom 13. Mai bis 19. Juni
- Zwillinge von 20. Juni bis 18. Juli
- Krebs vom 19. Juli bis 9. August
- Löwe vom 10. August bis 14. September
- Jungfrau vom 15. September bis 31. Oktober
- Waage vom 1. November bis 18. November
- Skorpion vom 19. November bis 18. Dezember
- Schütze vom 19. Dezember bis 17. Januar
- Steinbock vom 18. Januar bis 13. Februar
- Wassermann vom 14. Februar bis 10. März

KOSMISCHE ZUSAMMENHÄNGE

Rudolf Steiners kleine Schrift „Die praktische Ausbildung des Denkens" veranlasste uns vor 42 Jahren, Pflanzen einmal in einer Art und Weise zu betrachten, wie man es üblicherweise nicht macht. Dabei fiel uns bald auf, dass trotz gleicher Anbaubedingungen, wie zum Beispiel Vorfrucht, Düngung und Saatgut, bemerkenswerte Unterschiede entstanden. So brachte ein Beet oft einen höheren Ertrag als ein gleichgroßes zweites Beet. Da die Anbaubedingungen gleich waren, konnten die Ursachen dafür nicht im „Raum" – so wollen wir es einmal nennen – zu finden sein, sie mussten in der „Zeit" gesucht werden. Damit begannen die Forschungen, deren Ergebnisse Sie in diesem Buch nachlesen können.

Wir wissen, dass sich alle organischen Prozesse auf der Erde in der „Zeit" wiederholen. Viele dieser Abläufe kehren in einem ständigen Rhythmus immer wieder. Das bekann-

Blumenkohl: Der kosmische Aspekt des Saattages zeigt sich an der „Frucht"bildung. Von der Aussaat an Blatttagen (links und rechts) bilden sich feste Knospen, von der an Blütentagen (Mitte) sind sie sehr locker und schießen schnell.

teste Beispiel ist der Tag-Nacht-Rhythmus, der beim Menschen enorme Bewusstseinsunterschiede (Wachsein, Schlafen, Träumen) hervorruft. Der Tag-Nacht-Rhythmus entsteht dadurch, dass unsere Erde eine Eigenumdrehung hat. Auf der sonnenzugewandten Erdseite ist Tag, auf der anderen Nacht.

Auch der Jahreslauf ist ein sich immer wiederholender Rhythmus. Die Erde bewegt sich im Lauf eines Jahres um die Sonne. Anfang Januar ist sie in Sonnennähe, Anfang Juli in Sonnenferne.

Der Wechsel der Jahreszeiten Frühling, Sommer, Herbst und Winter entsteht durch die Neigung der Erdachse. Da die Umdrehungsachse der Erde auf der Erdbahnebene nicht senkrecht steht, sondern um etwa 66 Grad gegen sie geneigt ist, wechseln an den Polen totale Finsternis im Winter und ununterbrochene Lichteinwirkung im Sommer einander ab. Frühling und Herbst sind die gemäßigten Zwischenzeiten. Am Äquator dagegen sind Tag und Nacht das ganze Jahr über gleich lang, nämlich jeweils zwölf Stunden.

Neben den Jahreszeiten, die durch die Beziehung der Erde zur Sonne geprägt sind, werden die Lebensprozesse auf der Erde noch durch die Rhythmen der Planeten und des Mondes mit beeinflusst. Die Planeten sind Merkur, Venus, Mars, Jupiter, Saturn, Uranus, Neptun und Pluto. Die Pflanzen sind in der Lage, die Impulse, die von Planeten sowie Sonne und Mond ausgehen, durch die Bildung und Gestaltung „ihres Leibes" sichtbar zu machen (zum Beispiel der Kopfsalat durch seinen Salatkopf). Auch der Gehalt an Eiweißen, Fetten, Kohlenhydraten und Salzen wird dadurch mitbestimmt.

Im Laufe dieser Forschungsarbeiten wurde ein Grundgesetz immer deutlicher: Die Sternbilder des Tierkreises sind für das Wachstum der Pflanze von großer Bedeutung. Sie wirken über Sonne, Mond und die Planeten, die wiederum ihre Kräfte über die klassischen Elemente Wärme, Licht/Luft, Wasser und Erde der Pflanze zugänglich machen.

Die Aussaatzeit – wann der Same der Erde übergeben wird – prägt am stärksten. Die Pflanzzeit – wann die Pflanze an einen anderen Standort gebracht wird – ist ebenfalls von großer Bedeutung. Sie kann den Impuls des Aussaatzeitpunktes verstärken oder abschwächen.

Ebenso sind die Zeiten der Bodenbearbeitung wichtig, da wir damit den Boden für die Impulse aus dem Kosmos öffnen. Ist der Zeitpunkt günstig, wird das Wachstum angeregt.

Ganz entscheidend ist auch die Zeit der Ernte. Erntet man zum Beispiel Samen oder Pflanzenteile, die der Vermehrung dienen sollen, zur ungünstigen Zeit, wachsen im Folgejahr vermehrt kranke und schwächliche Pflanzen. Lagerfrüchte, die unter ungünstigen kosmischen Impulsen geerntet worden sind, faulen im Lager leichter.

Zwiebeln von der Vorjahresernte im Mai. Von der Ernte an Blatttagen (im Foto links mit der Bezeichnung AK) faulen die Zwiebeln. An Fruchttagen und Blütentagen (Bezeichnungen WK und LK) geerntete sind am Auswachsen. Nur die an Wurzeltagen geernteten (Bezeichnung EK) sind so fest wie bei der Ernte im September und bleiben auch so bis in den nächsten August hinein.

Mehr von diesen „günstigen Zeiten" können Sie auf den Seiten 18 bis 31 nachlesen, wo wir unsere Forschungsergebnisse zu den einzelnen Pflanzenarten zusammengefasst haben. Auch auf den Seiten 95 und folgenden stehen weitere Ergebnisse.

Der siderische Mond

Der Mond umläuft in 27,3 Tagen einmal die Erde. Während dieses Umlaufs zieht er an den zwölf Regionen des Tierkreises vorbei. Alle zwei bis vier Tage geht er vor ein neues Sternbild. Der Mond vermittelt jeweils die Kräfte des Sternbildes, vor das er zieht, über die klassischen Elemente (Wärme, Luft/Licht, Wasser, Erde) auf unsere Erde (siehe Tabelle auf der Seite 13 und siehe die Zeichnung auf der Seite 121).
Aus jeweils drei Sternbildern ergibt sich ein Trigon. Da wir im Tierkreis zwölf Sternbilder haben, ergeben sich vier Trigone mit jeweils drei Sternbildern. Jedes Trigon wird einem klassischen Element zuge-

ordnet (siehe Tabelle unten und Zeichnung auf Seite 8).
Anfänglich bemerkten wir nur beiläufig, dass ebenso Wetterbeobachtungen zu unseren Pflanzenversuchen nötig waren. Bei diesen Beobachtungen zeigte sich sehr schnell, dass es auch hier Gesetzmäßigkeiten gibt. So neigten Saattage, die bei Pflanzen eine gute Blattentwicklung brachten, immer stark zur Feuchte. Tage mit der höchsten Luftfeuchte und den meisten Niederschlägen des Monats waren immer diese „Blatttage". Auch aus den Wetterbeobachtungen ergab sich, dass die klassischen Elemente einem Pflanzenorgan zuzuordnen sind (siehe Tabelle unten).
Wie erwähnt, tritt der Mond alle zwei bis vier Tage vor ein neues Sternbild. Das bedeutet, dass alle zwei bis vier Tage die Einzelimpulse wechseln (siehe Tabelle, zum Beispiel wechselt nach zwei bis vier Tagen Wasser zu Wärme). Etwa alle neun Tage tritt der Mond vor ein Kräftetrigon des gleichen Typs, und dann wirkt der gleiche Impuls. Wir regen über Hackarbeiten und Kieselspritzungen, die wir im Trigonrhythmus durchführen, den Impuls, den das Saatgut bekommen hat, neu an.
Diese Grundgesetzmäßigkeiten gelten jedoch nicht immer. Planetenoppositionen können die Impulse verändern, Trigonstellungen ein anderes Element aktivieren, als es vom Mond an diesem Tag vermittelt würde. Konjunktionshäufungen wirken sich negativ aus.

Die Gesetzmäßigkeiten, die sich aus den Pflanzenversuchen und der Wetterbeobachtung ergaben, haben wir in der folgenden Tabelle zusammengefasst.

Sternbild	Element	Kleinklima	Pflanzenorgan
Fische	Wasser	wässrig	Blatt
Widder	Wärme	warm	Frucht
Stier	Erde	kühl/kalt	Wurzel
Zwilling	Luft/Licht	luftig/hell	Blüte
Krebs	Wasser	wässrig	Blatt
Löwe	Wärme	warm	Frucht, Same
Jungfrau	Erde	kühl/kalt	Wurzel
Waage	Luft/Licht	luftig/hell	Blüte
Skorpion	Wasser	wässrig	Blatt
Schütze	Wärme	warm	Frucht
Steinbock	Erde	kühl/kalt	Wurzel
Wassermann	Luft/Licht	luftig/hell	Blüte

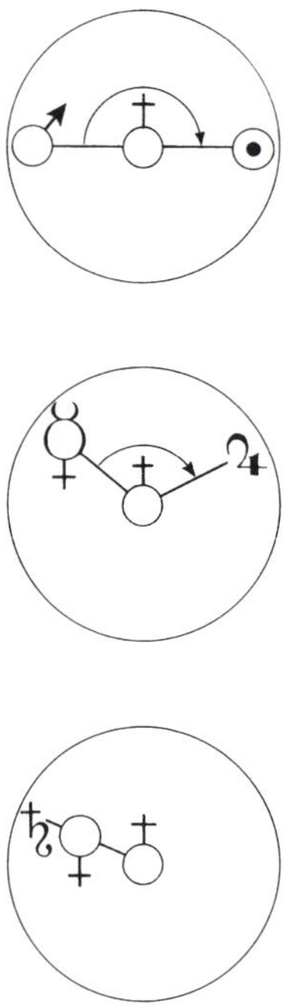

Die gezeigten Planetenstellungen können die Impulse verändern, die das Tiekreissternbild, vor das der Mond zieht, normalerweise auf die Pflanzen hätte. (Die Erde ♁ ist immer in der Mitte des äußeren Kreises dargestellt.)

Oben: Planetenopposition von Mars (links) und Sonne (rechts)
Mitte: Trigonstellung von Merkur (links) und Jupiter (rechts)
Unten: Konjunktion von Saturn (links) und Venus (Mitte)

Negative Impulse auf die Pflanzen bringen zum Beispiel Tage, an denen sich zwei Wandler an den Schnittstellen ihrer Bahnen treffen (das sind die Knotenzeiten), dann sind Vorbedingungen für Finsternisse gegeben. An diesen Tagen sollte nicht gesät werden.

Negative Wirkungen bringen beispielsweise Tage, an denen der Mond die Erdbahn (Ekliptik) auf- oder absteigend schneidet. Sie werden noch gesteigert, wenn sich der Mond und Planeten an diesen Schnittstellen ihrer Bahnen (Knoten genannt) treffen (siehe Zeichnung oben rechts). Es entstehen dadurch Finsternisse und Bedeckungen, wobei von dem erdnäheren Planeten die Wirkung des erdferneren unterbrochen oder verändert wird. Diese Zeiten sind für die Aussaat und die Ernte nicht geeignet.
Dies soll nur einen kurzen Einblick in die Berechnungsweise geben.
Man muss nicht über astronomische Kenntnisse verfügen, um nach den Aussaatempfehlungen zu gärtnern. Wir haben alle diese veränderten und negativen Wirkungen in unserer Schrift „Aussaattage" berücksichtigt, die wir jährlich neu im M. Thun Verlag herausgeben.

Die Planeten und ihre Wirkungen auf die Erde

Um bei der Wetterbildung mitwirken zu können, benutzen die Planeten genauso wie die Sonne und auch der Mond die klassischen Elemente Wärme, Erde, Luft/ Licht und Wasser als Vermittler zu unserer Erde.

Die folgende Ordnung in der Tabelle lässt sich feststellen:

Wandler und Sonne	Element	Tierkreiszeichen
Sonne, Merkur, Pluto	Wärme	Widder, Löwe, Schütze
Sonne	Erde	Stier, Jungfrau, Steinbock
Jupiter, Venus, Uranus	Luft/Licht	Zwillinge, Waage, Wassermann
Mars, Mond, Neptun	Wasser	Krebs, Skorpion, Fische

Wandler = Wandelstern = Gestirn, das sich bewegt

Stehen die klassischen Planeten vor Tierkreissternbildern, mit denen sie dieselbe Elementewirkung besitzen, wird diese Wirkung verstärkt (Beispiel: Merkur vor Widder). Dagegen kommt es zur Abschwächung oder die Wirkung zeigt sich auf der Erde gar nicht, wenn der Planet vor einem Sternbild steht, das eine andere Elementewirkung hat. Einige wenige Beispiele seien nachfolgend genannt:

Zieht ein Wärmeplanet wie Merkur vor dem Sternbild Widder vorbei, dann verstärkt sich seine Wirkung; vor der Region Stier hingegen ist von seiner Wärmewirkung nichts zu merken, da sie dann in Kältewirkung umschlagen kann. Kommt der Merkur vor ein wässriges Sternbild, wie zum Beispiel den Skorpion, dann kann es wegen der Wärmewirkung zur Niederschlagsneigung führen.

Zieht die Venus vor ein Luft/Licht-Sternbild, wie zum Beispiel die Waage, haben wir eine Neigung zu blauem Himmel, langen Sonnenscheinphasen und einer klaren Atmosphäre. Geht die Venus jedoch vor ein Erdbild, wie zum Beispiel das Bild der Jungfrau, regt sie kühle Nächte mit Nebelbildung an. Vor wässrigen Sternbildern kommt die Luft/Licht-Wirkung der Venus nicht zum Tragen.

Ziehen Mond und die Planeten, die über das Element Wasser wirken, vor eine Region des Tierkreises, die sich ebenfalls über das Wasser bemerkbar macht, dann muss man bei uns mit Niederschlagsperioden rechnen.

Kohlrabi, Sorte 'Weiße Roggli's'
Links: Aussaat an Blatttagen bringt flachrunde, sehr zarte Kohlrabis.
Zweite von links: An Fruchttagen ausgesäte entwickeln aufgestülpte „Früchte", die leicht spelzig werden.
Dritte von links: Aussaat an Wurzeltagen bringt schorfige Stellen und Kohlrabis, die leicht verholzen.
Rechts: Kohlrabis, an Blütentagen ausgesät, entwickeln „Früchte", die in der Mitte zur Blüte aufschießen.

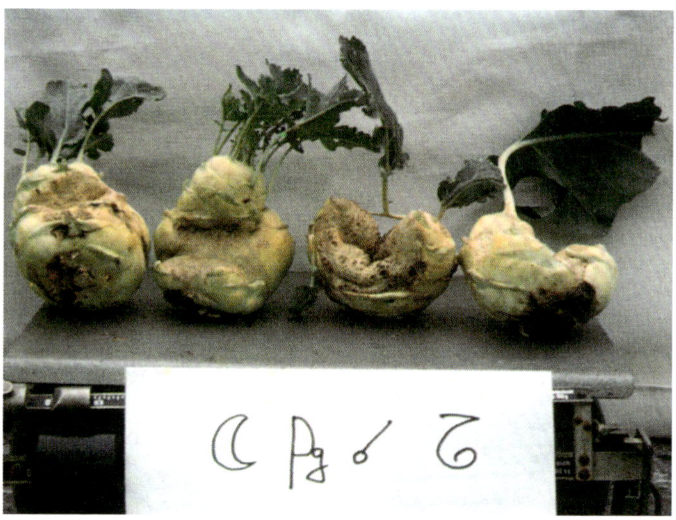

Diese Kohlrabis wurden bei Mond in Erdnähe gesät. Von 50 Pflanzen brachten je 25 diese „Früchte" hervor.

Es gibt noch zahlreiche andere Einflussfaktoren, wie zum Beispiel Oppositionen der Planeten untereinander oder zur Sonne, dann werden meist wachstumsfördernde Kräfte vermittelt.

Während sich bei dem Planeten Uranus eine Beziehung zur Elektrizität feststellen lässt, ist es bei Neptun eine Beziehung zum Magnetismus und bei Pluto eine zum Vulkanismus.

DIE AUSSAAT

Für Gärtner und Landwirte sind nach unseren Erfahrungen die Wirkungen der Planeten, Tierkreissternbilder und andere Faktoren aus dem Bereich außerhalb der Erdatmosphäre von entscheidender Bedeutung.
Der M. Thun Verlag gibt jährlich die „Aussaattage“ heraus, eine kleine Schrift, in der eben jene günstigen und ungünstigen Tage (für das entsprechende Jahr) für Aussaat, Pflanz- und Pflegearbeiten sowie für Ernte und Konservierung nachzulesen sind. Sie können die Schrift über den Buchhandel beziehen oder sie direkt beim M. Thun Verlag bestellen.
Hier eine Musterseite.

Musterseite aus den Aussaattagen von M. Thun, erschienen im M. Thun Verlag

Aussaattage Februar

Dat. ☾ v. Sternb.	Konstellat.		Element ☾		Fruchtorganimpuls durch ☾ oder Planeten		
1. Fr ♍	☉ - ♑		Erde	Pflanzzeit	Wurzel	Pflanzzeit	St V
2. Sa ♍			Erde		Wurzel		
6. Woche							
3. So ♍			Erde		Wurzel		
4. Mo ♎ 4			Er/Li		Wurzel bis 3, ab 4 Blüte		K
5. Di ♏ 11			Li/Wa		Blüte bis 10, ab 11 Blatt		St
6. Mi ♏			Wasser		Blatt bis 4 und ab 9		
7. Do ♐ 21		☋16	Wa/Wä		Blatt bis 14 und von 18 bis 20, ab 21 Frucht		
8. Fr ♐	◡21		Wärme		Frucht	am 7. # Pflanzz. Ende20	
9. Sa ♐			Wärme		Frucht bis 20		
7. Woche							
10. So ♑ 7		♂☊14	Wä/Er		--------------------------		St
11. Mo ♑	△		Erde		Wurzel bis 10, ab 16 Blatt		K V
12. Di ♒ 14	●9		Er/Li		Wurzel bis 13, ab 14 Blüte		
13. Mi ♒			Licht		Blüte		
14. Do ♓ 17		Ag23	Li/Wa		Blüte		
15. Fr ♓	☉ - ♒		Wasser		Blüte bis 2, ab 3 Blatt		
16. Sa ♓	△		Wasser		Blatt bis 12, ab 13 Blüte		
8. Woche							
17. So ♈ 21			Wa/Wä		Blatt bis 20, ab 21 Frucht		K V E
18. Mo ♈			Wärme		Frucht		K
19. Di ♉ 21			Wä/Er		Frucht bis 20, ab 21 Wurzel		
20. Mi ♉			Erde		Wurzel bis 20		K
21. Do ♉		♄☌	Erde		Wurzel von 4 bis 22		
22. Fr ♊ 16	☊7	☿☋5	Er/Li		--------------------------		St
23. Sa ♊	⌒12	△ ♃☌	Licht	Pflanzzeit	Wurzel v. 5 - 16, ab 17 Blüte	* Pflanzz. Beg.13	
9. Woche							
24. So ♋ 16	△		Li/Wa		Blüte bis 16, ab 17 Blatt		St
25. Mo ♋			Wasser		Blatt		V
26. Di ♌ 2			Wärme		Frucht ab 2		St
27. Mi ♌	○10	Pg21	Wärme		Frucht bis 10 ------------		
28. Do ♍ 9			Wä/Er		------------ab 9 Wurzel		

22

Merkur	Venus	Mars	Jupiter	Saturn	Uranus	Neptun	Pluto
♑	♑ 9.♒	♓ 28.♈	♊	♉	♑	♑	♏

Notizen:

1.
2.
3.
4.
5.
6.
7.
8.
9.
10.
11.
12.
13.
14.
15.
16.
17.
18.
19.
20.
21.
22.
23.
24.
25.
26.
27.
28.

Monatsbetrachtung Februar

Der Februar ist noch sehr geprägt durch den Gang von 4 Planeten vor Sternbildern, die das Erdenelement vermitteln, das bringt eigentlich Kälte. Mars und Pluto unterstützen aus Fische und Skorpion Wässriges, das wird noch reichlich kalte Niederschläge zur Folge haben.
Venus rückt am 9. vor die Lichtregion Wassermann, dort kommt sie in Trigonstellung zu Jupiter, sodass zuweilen mit sehr hellen Tagen gerechnet werden kann. Leider gibt es in diesem Jahr überhaupt keine Wärmetrigone.

Imker: Diese Lichtzeiten verführen die Bienen zum zeitigen Reinigungsflug, in frühen Lagen zur Pollentracht und somit zu frühem Brüten.

Pflanzzeit: vom 1. bis 7.2. 20 Uhr und ab 23.2. 13 Uhr, günstig auch für Baum-, Wein- und Heckenschnitt.

Reiserschnitt zum Pfropfen von Obst und Wein am 17. und 18. 2. günstig.

Reiserschnitt für Heckenblütenpflanzen am 16. ab 12 Uhr und am 24. bis 16 Uhr. Für Rosen eignen sich die Blütentage zwischen dem 15. 2. und 11. 3.

Zwillingstage sind sehr geeignet für Stecklinge

23

Der Zeitpunkt, wann der Same dem Boden übergeben wird, prägt am stärksten. Um also den günstigsten Termin zu finden, müssen wir uns überlegen, welches Pflanzenorgan wir jeweils ernten wollen. Handelt es sich bei dem Samen um Möhrensaatgut, dann ist die Wurzel das, was für die Ernte bestimmt ist. Die Aussaat sollte also an einem Tag stattfinden, der die Wurzel begünstigt (siehe auch Tabelle Seite 13). Nach unseren langjährigen Versuchen sind vier Gruppen von Pflanzen zu unterscheiden: Wurzelpflanzen, Blattpflanzen, Blütenpflanzen und Fruchtpflanzen. Die Aussaat von Wurzelpflanzen empfiehlt sich an Wurzeltagen vorzunehmen, die der Blattpflanzen an Blatttagen usw. (siehe auch Zeichnungen auf den Seiten 22, 95, 101, 106, 112). Falls Sie hier nicht die Pflanzen finden, die Sie suchen, können Sie die Einteilung selbst vornehmen. Überlegen Sie einfach, was Sie ernten wollen – dieses Pflanzenorgan ist bestimmend.

Pflanzen, die an Wurzeltagen gesät werden

Die „Frucht“bildung der Pflanzen findet im Wurzelbereich statt. Dazu gehören Knollensellerie, Kohlrübe, Möhre, Pastinake, Radieschen, Rettich, Rote Bete, Schwarzwurzel und Wurzelpetersilie. Beste Erträge und Lagerfähigkeit dieser Gemüse erhalten wir bei Aussaat an Wurzeltagen. Dasselbe gilt für Kartoffeln, Zwiebeln und Knoblauch.

Pflanzen, die an Blatttagen gesät werden

Zu dieser Gruppe gehören die meisten Kohlarten, auch Kohlrabi und Blumenkohl, jedoch nicht der Brokkoli (Blütenpflanze); außerdem die Salate, Feldsalat, Endivien, Chicorée, Spinat, Spargel, Gemüsefenchel

Die Aussaat prägt die spätere Pflanze am meisten.

Körbe mit Spinat: Von der Blatttagesaat liegen die Erträge etwa 30 % höher als von anderen Aussaaten.

Bohnen gehören zu den Fruchtpflanzen.

und der Rasen. Ferner zählen Petersilie und Blattkräuter dazu, die keine ätherischen Öle enthalten.

Pflanzen, die an Fruchttagen gesät werden

Zu dieser Gruppe gehören alle Pflanzen, die im Bereich des Samens fruchten, wie Bohne, Erbse, Linse, Soja, Mais, Tomate, Paprika, alle Kürbisarten, auch Zucchini und Gurke, sowie alle Getreide, ob für den Sommer- oder Winteranbau.

Pflanzen, die an Blütentagen gesät werden

Zu den Blütenpflanzen gehören die Blumen, Blumenzwiebeln, Brokkoli, viele Heilpflanzen und die Präparatepflanzen, aus denen wir die biologisch-dynamischen Kompostpräparate herstellen (siehe Seite 41). Nicht nur die Aussaat, sondern auch die Pflege der Blütenpflanzen sollte an Blütentagen stattfinden.

Das Saatgut

Um gutes Saatgut zu gewinnen, ist es nicht nur wichtig, dass man überhaupt Samen erntet, sondern die Qualität ist ausschlaggebend. Der Samen muss in der Lage sein, einer Pflanze gesundes Wachstum ohne Pilzbefall zu ermöglichen. Die Pflanze weiterhin muss fähig sein, bis zur Frucht- und Samenbildung zu gelangen. Bei unseren Nutzpflanzen wird vor der Samenbildung oft ein vollständiges Pflanzenorgan ausgebildet, das wir essen, falls kein Saatgut gewonnen werden soll.
Ein Beispiel: Haben wir von einem Salat Saatgut entnommen, der vorher keinen

Wenn wir Saatgut gewinnen wollen, müssen wir darauf achten, dass wir es von Pflanzen nehmen, die vorher eine besonders schöne „Frucht" ausgebildet haben. Hier sind eine blühende Radieschenpflanze (oben) und ein blühender Brokkoli (unten) gezeigt.

Saatgut selbst anbauen am Beispiel von Kopfsalat

1. Die Aussaat findet unter den günstigen Impulsen an einem Blatttag statt.
2. Alle Pflegearbeiten sind an Blatttagen durchzuführen, bis ein schöner, großer Kopfsalat gewachsen ist.
3. Hat der Kopfsalat Erntereife, dann wechselt man mit den Pflegearbeiten auf Frucht- und Frucht/Samentage über, um der Pflanze zu einer kräftigen Samenbildung zu verhelfen.
4. Das Saatgut erntet man an einem Blatttag, dadurch bekommen die Pflanzen, die aus den Samen wachsen werden, einen Vorschuss für ihre „Fruchtbildung" – den Salatkopf des nächsten Jahres.

schönen Kopf gebildet hat, dann werden auch die Pflanzen aus diesem Saatgut keine guten Köpfe entwickeln können. Für Salat sind die Aussaat und Pflegearbeiten an Blatttagen am besten. Hat sich ein dichter Kopf gebildet, legen wir die Pflegearbeiten auf Frucht- und Frucht/Samentage. Dadurch kann die Pflanze kräftigen, guten Samen ausbilden. Geerntet wird dann allerdings wieder an Blatttagen – im Hinblick darauf, dass wir aus dem Samen schöne Salatköpfe für unseren Mittagstisch gewinnen wollen. Dasselbe gilt übrigens auch für Blumenkohl und Kohlrabi.

Viele Kohlarten, Möhren, Rote Bete, Sellerie und Futterrüben werden im Winterlager überwintert, um im nächsten Jahr Saatgut zu erhalten. Sie sollten im Frühling an Frucht- und Frucht/Samentagen ausgepflanzt und gepflegt werden. Das Saatgut erntet man dann allerdings wieder an den Tagen, die dem Fruchtorgan des nächsten Jahres entsprechen sollen, bei Möhren beispielsweise an Wurzeltagen.

Gehen Rote Bete, Sellerie oder Rüben im ersten Anbaujahr in Blüten- und Samenentwicklung, dann entwickelt der Samen von diesen im ersten Jahr geschossenen Pflanzen im Folgejahr keine gute Wurzelfrucht.

Sollen Fruchtpflanzen, wie zum Beispiel Gurke oder Tomate, zur Saatgutgewinnung angebaut werden, ist eine Aussaat unter Löwe-Impuls, also an Frucht/Samentagen, empfehlenswert. Weitere Pflegearbeiten können an Fruchttagen oder Frucht/Samentagen erfolgen. Geerntet wird allerdings wieder an Frucht/Samentagen (Löwe-Impuls).

Wenn es nicht möglich ist, an günstigen Tagen zu säen, dann sollte unbedingt darauf geachtet werden, dass zu günstigen Terminen gehackt wird. Dadurch wird der negative kosmische Impuls des Aussaattages abgeschwächt.

Will man Fruchtpflanzen zur Saatgutgewinnung anbauen, dann sollten für Aussaat, Hacken, Pflege und Ernte die Frucht- und Frucht/Samentage gewählt werden.

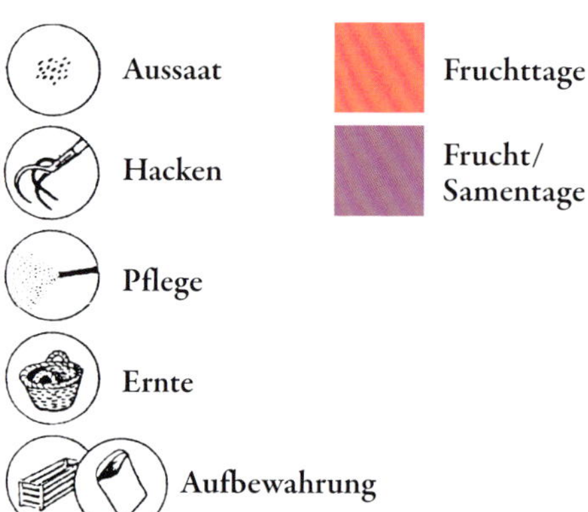

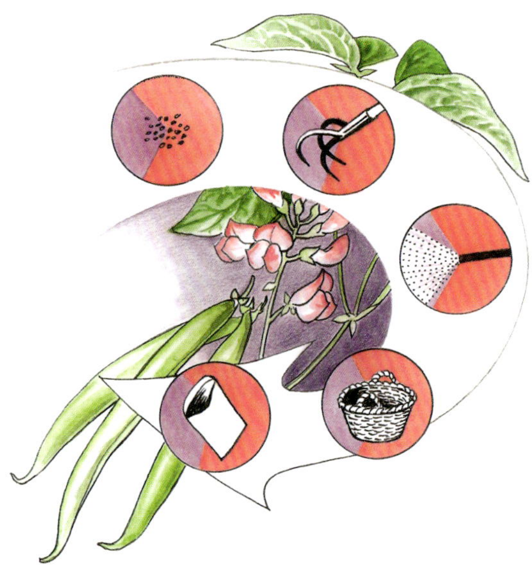

Samen selbst ziehen am Beispiel von Bohnen

DIE HACKARBEITEN

Bei jeder Bodenbewegung, also auch beim Hacken und Säen, können die kosmischen Kräfte in den Boden einziehen und das Pflanzenwachstum positiv oder negativ beeinflussen. Daher ist es wichtig, die günstigen Zeiten für die einzelnen Pflanzen zu wählen. Hindern schlechte Witterungsverhältnisse daran, die günstigen Termine auszunutzen, sollte man warten, bis nach etwa neun Tagen der Mond wieder vor das gleiche Kräftetrigon zieht.

Werden Hackarbeiten an ungünstigen Tagen durchgeführt, schwächt sich der positive Effekt eines günstigen Aussaat- oder Pflanztermins ab.

Für die Hackarbeiten sind also die gleichen Impulse zu suchen, die schon bei der Aussaat wirkten. Beispielsweise wird Salat an einem Blatttag gesät und auch an Blatttagen gehackt (siehe auch Zeichnungen auf den Seiten 22, 95, 101, 106, 112).

Wir hacken nur etwa 3 cm tief, tiefer ist nicht zu empfehlen. Damit wird die Luft mit ihrem hohen Stickstoffanteil in den Boden gebracht. Nach der richtigen Bodenbearbeitung im Herbst (siehe Seite 33 f.)

Für die Hackarbeiten sind in der Regel die gleichen Tage zu wählen wie für die Aussaat.

befinden sich genügend Bakterien in der Erde, die den Stickstoff an das „Erdige“ binden können. So kommt es beim Hacken nach unseren Erfahrungen zu einem leichten „Düngungseffekt“.
Auch die Tageszeit der Hackarbeit kann man sich zunutze machen. Morgens atmet der Böden aus. Hacken wir also morgens, dann kann ein zu nasses Erdreich die Feuchtigkeit ausatmen. Abends atmet der Boden ein. Wird daher abends gehackt, kann ein zu trockener Boden die Feuchtigkeit aus der Umgebung mit einatmen und in das Erdreich bringen (siehe dazu auch Seite 66 ff.).

Bei Hackvergleichen ergaben sich folgende Ergebnisse:
- Hacken an Wurzeltagen fördert die Stickstoffbindung,
- Hacken an Blatttagen aktiviert Kalziumprozesse,
- Hacken an Blütentagen steigert die Kalium- und Phosphoraktivität,
- Hacken an Fruchttagen aktiviert Schwefelprozesse.

Eissalat gehört zu den Blattpflanzen.

DIE PFLANZUNG

Wenn wir Jungpflanzen, Gehölze oder andere Gewächse von einem Standort an einen anderen in die Erde bringen, dann spricht man von Pflanzung. Als Pflanzzeit sollte die Zeit des absteigenden Mondes gewählt werden (bitte nicht verwechseln mit dem abnehmenden Mond; siehe Zeichnung Seite 8).

Was ist die Zeit des absteigenden Mondes? In ca. 27 Tagen umläuft der Mond einmal die Erde. Vom tiefsten Punkt (in der Region Schütze) bis zum höchsten Punkt (Region Zwilling) haben wir einen aufsteigenden Mond, vom höchsten zum tiefsten einen absteigenden.

Während der absteigenden Zeit atmet die Erde ein, die Kräfte und Saftströme konzentrieren sich auf den unteren Pflanzenteil. Es kommt zu besserem und stärkerem Wurzelwachstum, was nach einer Verpflanzung von Vorteil ist. Während der aufsteigenden Zeit atmet die Erde aus, die Kräfte konzentrieren sich daher auf die oberen Pflanzenorgane.

Die Zeit des absteigenden Mondes ist neben der Pflanzung zum Düngen von Wiesen und Weiden sowie zum Säen von Leguminosen zur Gründüngung sehr geeignet.

Auf der südlichen Erdhälfte drehen sich die genannten Verhältnisse um.

Wählt man nun für das Umpflanzen von Blattpflanzen während des absteigenden Mondes (also der Pflanzzeit) die Blatttage Krebs oder Skorpion, lässt sich der positive Impuls noch einmal verstärken. Dasselbe gilt für ein Umpflanzen von Wurzelfrüchten während der Pflanzzeit an Wurzeltagen Jungfrau oder für Gurke und Tomate an Frucht/Samentagen Löwe.

Für das Stecken von Blumenzwiebeln empfehlen wir die Pflanzzeit im November an einem Blütentag.

Gepflanzt wird immer in der Zeit des absteigenden Mondes, da dann die Kräfte stärker in die unteren Pflanzenteile strömen. Dadurch kommt es zur schnelleren und besseren Wurzelbildung (siehe auch Zeichnung auf Seite 8).

Tulpen (oben) und Narzissen (unten) gehören zu den Blumenzwiebeln. Es empfiehlt sich eine Pflanzung der Zwiebeln im November an einem Blütentag während der Pflanzzeit (absteigender Mond).

VERMEHRUNG DURCH STECKLINGE

Stecklinge sollen möglichst schnell bewurzeln, also ist für das Stecken die Zeit des absteigenden Mondes zu wählen (siehe voriges Kapitel „Pflanzung"). Die Kräfte gehen in die Wurzelbildung und bewirken eine schnellere und bessere Bewurzelung. Zusätzlich sind die Fruchtungstypen, also ob es sich um Blattpflanzen, Blütenpflanzen usw. handelt, zu beachten. Blattstecklinge vom Usambaraveilchen, einer Blütenpflanze, brachten die meisten Blüten, wenn sie beim Mondstand Zwilling (Blütentage) gesteckt wurden.

Reiser für Stecklinge werden während der Zeit des aufsteigenden Mondes geschnitten und im kühlen Raum aufbewahrt. Man kann sie in angefeuchtetes Papier einpacken und dann später während der Pflanzzeit in die Erde stecken. Sowohl beim Schneiden als auch beim Stecken empfiehlt es sich, den „Fruchtungstyp" zu berücksichtigen.

Stecklinge von der Fuchsie schneiden

ERNTE UND KONSERVIERUNG

In der Regel sind die besten Erntetage diejenigen, die auch günstigste Aussaattage sind. Das heißt, Wurzelpflanzen werden an Wurzeltagen geerntet, Blütenpflanzen an Blütentagen und Fruchtpflanzen an Fruchttagen.

Eine Ausnahme machen die Blatttage, sie sind immer ungünstig für die Ernte von Lagergemüse. Die Gemüse halten im Lager nicht lange. Ersatzweise sind Blüten- oder Fruchttage, für die Kohlgemüse die Blütentage zu wählen.

Es sei an dieser Stelle noch einmal betont, dass das nur für Lagergemüse gilt. Wird Gemüse frisch geschnitten, um es gleich in der Küche zu verarbeiten, muss nicht auf den Tag geachtet werden. Es gilt der Grundsatz: je frischer desto besser.

Für die Obsternte sind Fruchttage während der Zeit des aufsteigenden Mondes am besten, für Wurzelfrüchte Wurzeltage während der Zeit des absteigenden Mondes. Die Begründung haben wir schon im vorigen Kapitel gehört: Die Kräfte und Saftströme gehen bei absteigendem Mond nach unten, bei aufsteigendem dann nach oben. Bei Erdbeeren lohnt sich die Ernte an Blüten- oder Fruchttagen besonders: Sie schmecken wesentlich besser und halten länger frisch.

Für Küchen- und Heilkräuter empfehlen wir Folgendes: Blatt- und Blütendrogen werden an Blütentagen geerntet, Samen und Wildfrüchte an Fruchttagen und Wurzeln an Wurzeltagen. Hält man sich an diese Regeln, werden wir mit gutem Aroma belohnt. Zum Konservieren sollte man Blütentage wählen.

Für die Obsternte wählt man Fruchttage. Sie sollen in der Zeit des aufsteigenden Mondes liegen, da dann die Kräfte stärker in die oberen Pflanzenteile strömen. Die Lagerfähigkeit wird deutlich verbessert.

Vormittags gehen die Kräfte von unten nach oben. Daher ist das die günstige Zeit für die Ernte von Blattpflanzen, hier der Weißkohl.

Nachmittags gehen die Kräfte von oben nach unten. Daher ist das die günstige Zeit, um Wurzelpflanzen zu ernten, hier die Zwiebel.

Küchenkräuter, die zum sofortigen Verbrauch zu den Speisen benötigt werden, schneidet man natürlich frisch – unabhängig vom Tag.

Alles das, was wir für die Ernte festgestellt haben, gilt auch für die Haltbarmachung, sei es die Herstellung von Saft, Gelee, Marmelade, milchsaurem Gemüse, Sauerkraut sowie Backobst.

Pflaumen, Kirschen, Hagebutten, Apfel- und Birnensaft lassen sich gut einkochen und zu einem wunderbaren Brotaufstrich verarbeiten. Wir haben festgestellt, dass dieser Aufstrich schnell schimmelt, wenn die Früchte an Blatttagen oder ungünstigen Tagen (an denen man überhaupt nichts tun sollte) geerntet wurden. An diesen Tagen sollte man auch keinesfalls Blüten und Blätter für Tees ernten, da das Aroma sehr leidet.

Die Tageszeit

Morgens und vormittags gehen die Kräfte von unten nach oben. Daher hält sich dann geernteter Salat länger frisch.

Nachmittags und abends strömen die Kräfte nach unten in den Wurzelbereich. Daher ist dann die beste Zeit für die Ernte von Wurzelfrüchten.

Mittags sollte nicht geerntet werden, die Zeit ist ungünstig.

Tipps zu Erntezeiten

Wurzelpflanzen fürs Winterlager: am besten Wurzeltage während des absteigenden Mondes wählen, keine Blatttage (!)

Fruchtpflanzen: an Fruchttagen ernten; fürs Lagerobst Fruchttage während des aufsteigenden Mondes wählen

Blattpflanzen: zur Lagerung an Blüten- oder Fruchttagen ernten, ebenfalls Kräuter oder Blattteile für Tees; auch für Kohl zur Sauerkraut-Herstellung

Blütenpflanzen: an Blütentagen ernten

Hinweis: Wird für den täglichen Gebrauch Gemüse geerntet, gilt selbstverständlich: je frischer desto besser. Es wird also unabhängig vom Tag geerntet.

DER BODEN

Die Grundlage unseres Bodens bildet das Gestein, das durch den Einfluss der Elemente Wasser, Luft, Licht und Wärme verwittert ist. Je nach Ausgangsgestein entstehen Böden mit verschiedenen Eigenschaften, zum Beispiel kalkhaltiges Erdreich. Das verwitterte Gestein ist der mineralische oder anorganische Bestandteil unseres Gartenbodens. Mit ihm alleine könnten wir keine Landwirtschaft und keinen Gartenbau betreiben, dazu brauchen wir auch die organischen Substanzen. Die Bodenorganismen „verbauen" die anorganischen und organischen Erdbestandteile miteinander zu einer neuen Einheit, es entsteht fruchtbares Erdreich. Der Boden ist belebt. Wir haben mit Hilfe der Lebenskräfte, die aus dem organischen Material herrühren, den Bodenanteil aus verwittertem Gestein um eine halbe Lebensstufe höher gehoben, der Pflanze entgegen.

Wir bezeichnen das Gestein als Grundlage. Wenn das Gestein verwittert, entsteht „Ton". Das „Leben" kommt von der Pflanze. Dieses „Leben" halten wir beim Kompostieren fest. Der Kompost belebt dann den „Ton".

Versuche mit Sonnenblumen (hinten) und Lein (davor) bestätigen seit vielen Jahren immer wieder: Die Aussaat an Fruchttagen bringt die höchsten Samenerträge.

Die „Triebigkeit" ist den Tieren eigen. Stirbt ein Tier, geht die Seele davon, die „Triebigkeit" bleibt mit dem toten Körper verbunden und „verwest". Die „Triebigkeit" wird beim Kompostieren mit Hilfe der Bodenorganismen in Lebens- und Empfindungsprozesse umgewandelt. Wird mit Horn, Knochen, Haut, Haar, Feder, Wolle oder Borste gedüngt, ohne den Weg über den Kompost zu gehen, dann wechselt die „Triebigkeit" auf die Pflanze über und zieht tierische Schädlinge an.
Die drei Faktoren „Ton" (aus Gestein), „Leben" (aus der Pflanze) und „Empfindungen" (vom Tier) befähigen den Boden, bei der Bearbeitung durch den Menschen die kosmischen Kräfte aufzunehmen. Gärtner und Landwirte sollten dazu die günstigen kosmischen Impulse nutzen (siehe dazu Seite 23 f.). So können Pflanzen wachsen, die den Menschen gesund ernähren.

Bodenprobe

Wir haben immer wieder festgestellt, dass die Analysen von Bodenproben andere Ergebnisse bringen, wenn die Sonne vor ein anderes Sternbild zieht. Verschiedene Proben lassen sich daher nur miteinander vergleichen, wenn sie dem Boden immer zum gleichen Zeitpunkt innerhalb des Jahres entnommen wurden.
Auf der nördlichen Halbkugel haben wir die größte Stickstoffbindung im Boden, wenn die Sonne vor Stier und Jungfrau steht, auf der südlichen dann, wenn sie vor Steinbock steht.
Auch der Mond beeinflusst über Hackarbeiten den Stickstoffgehalt. Die höchsten Gehalte konnten gemessen werden, wenn Hackarbeiten bei Mondstand vor Stier, Jungfrau und Steinbock verrichtet wurden.

Bodenbearbeitung

Bei jeder Bodenbewegung strömen die kosmischen Kräfte in den Boden. Daher sollten alle Hackarbeiten nur an für die Pflanzen günstigen Zeitpunkten durchgeführt werden. Die günstigen Zeitpunkte gleichen den Saatterminen. Beispielsweise werden Blattpflanzen, wie etwa Salat, an Blatttagen gesät und gehackt (siehe dazu Zeichnungen auf den Seiten 22, 95, 101, 106, 112). Ausnahmen S. 101.
Durch den Hackzeitpunkt können wir auch die Keimung der Unkrautsamen für uns günstig beeinflussen. Siehe dazu das Kapitel „Unkraut", Seite 71 ff. und Seite 36.
Mittags sollte der Boden nicht bearbeitet werden, das hat sich als ungünstig erwiesen.

Im Herbst

Wir können mit der Vorarbeit für das nächste Jahr beginnen, wenn die letzten Pflanzen geerntet worden sind. Falls noch genügend Zeit verbleibt, sollte nach einer flachen Bodenbearbeitung eine Gründüngung eingesät werden. Natürlich sind die Gründüngungspflanzen auszuwählen, die die Kulturpflanzen sinnvoll ergänzen (siehe dazu Seite 58 ff.).

Mindestens alle drei Jahre sollten wir unsere Beete einen Winter in grober Scholle offen liegen lassen. Dadurch kann der Boden über Winter die kosmischen Kräfte aufnehmen. An der Universität Gießen wurden unter Prof. von Boguslawsi und Dr. Debruck 23 Jahre lang Versuche mit verschiedenen Bodenbearbeitungsmethoden durchgeführt. Sie brachten das Ergebnis, dass die Winterfurche im Vergleich zu allen anderen Methoden die besten Ergebnisse brachte.

In der Natur finden wir übrigens auch ein Beispiel für die positiven Impulse eines offenen Bodens im Winter. Wenn in warmen Wintern die Feuchte im Boden von Niederungswiesen zu groß wird, verwandelt der Maulwurf die Wiese in eine Hügelkultur. So wird die Erde den positiven kosmischen Winterkräften ausgesetzt. Jeder Bauer und Gärtner kennt die guten Eigenschaften der Maulwurfshügel-Erde und verwendet sie gerne für Aussaaten oder zum Düngen von Wiesen.

Im Frühjahr

Im Frühjahr beginnt die Bodenbearbeitung, wenn das Erdreich abgetrocknet ist. Man arbeitet den Boden für die Aussaat gut durch.

Winterfurche: Seit Jahrzehnten stellen wir bei Vergleichen fest, dass die Bodenqualität im Frühjahr nach einer richtigen Winterfurche am besten ist.

Die Erde von Maulwurfshügeln ist besonders fruchtbar, da sie den positiven Winterkräften ausgesetzt war.

Wenn das Beet stark verunkrautet war, dann lohnt sich eine Bearbeitung bei Mond vor Löwe. Dadurch regt man das Unkraut zum Keimen an. In den folgenden zehn bis 14 Tagen lässt man den Boden liegen und wartet auf eine günstige Konstellation für die vorgesehene Aussaat (zum Beispiel Wurzeltag für die Aussaat von Wurzelgemüse). Ist diese gekommen, arbeitet man die Erde noch einmal um und die Unkrautkeimlinge mit ein. Dann kann gesät werden. Es hat sich gezeigt, dass bei so vorbereiteten Beeten Unkraut nicht mehr zum Problem wird (siehe Zeichnung Seite 36).

Wir düngen im Frühjahr nicht. Wir haben festgestellt, dass die triebige Wirkung einer Düngung Krankheiten und Schädlinge anzieht. Wir düngen im Herbst.

Bearbeitungstiefe

Wenn vor der Aussaat eine mindestens 10 cm tiefe Bodenbearbeitung durchgeführt wird, wirken die kosmischen Impulse am stärksten.

Nur 3 cm tief sollte allerdings gehackt werden. Wir bringen Luft in den Boden, und die kosmischen Kräfte können eindringen. Durch das Hacken verändern wir die Verhältnisse von Stickstoff, Kalk, Kalium, Phosphor und Mangan sowie verschiedener Spurenelemente. Wenn wir nicht hacken und den Boden ständig mulchen, dann können wir das alles nicht erreichen.

Bodenwärme

Der Zeitpunkt, an dem die Bodenwärme einsetzt, ist von entscheidender Bedeutung. Durch das Wirksamwerden des Elementes Wärme kommt es zu eigenen Aktivitäten im Mineralischen, erst dann geht das Pflanzenwachstum zügig voran. Wir geben diesen Termin in unserer Schrift „Aussaattage" jährlich an, er kann, bedingt durch die kosmischen Einflüsse, schon Ende März oder erst Mitte Mai liegen.

Bodenbearbeitung im Frühjahr auf stark verunkrauteten Beeten

Links: Bei Mond vor Löwe wird der abgetrocknete Boden im Frühjahr gut durchgearbeitet. Durch diese Konstellation werden viele Unkrautsamen zum Keimen angeregt.
Mitte: Danach lässt man den Boden zehn bis 14 Tage lang ruhen und wartet auf eine günstige Konstellation für die vorgesehene Aussaat. Nun wird die Erde noch einmal durchgearbeitet und dabei gleich das gekeimte Unkraut untergehackt.
Rechts: Nun kann gesät oder gepflanzt werden, hier Salat an einem Blatttag bei absteigendem Mond.

MULCHEN

Unter Mulchen verstehen wir das Bedecken des Bodens mit organischen (Blättern oder angewelktem Grasschnitt) oder anorganischen Materialien (Folie). Hier soll nur von Mulchen mit organischen Substanzen die Rede sein.

Die Bedeckung hat den Vorteil, dass sie Unkräuter unterdrückt und in Trockenzeiten den Boden schützt. Allerdings hat sie auch gewichtige Nachteile. Die Decke dient vielen Schädlingen, allen voran den Schnecken, als willkommener Unterschlupf und als Kinderstube. So müssen wir immer gut überlegen, was wir mit der Bodenbedeckung erreichen wollen, bevor wir sie einsetzen.

Wir mulchen unsere Böden nie. Die genannten Nachteile sind zu schwergewichtig.

DÜNGEN

Die Düngung bedeutet nicht einfach nur Fütterung der Pflanzen, wir beleben damit den Boden. Wir haben beste Ertragsergebnisse, wenn tierische Dünger, Pflanzenabfälle, aber auch Substanzen, die vom Tierkörper abstammen (Hornspäne, Tierkörpermehl, Feder-, Woll- und Borstenabfälle) ein Jahr im Komposthaufen verkompostiert werden. Im Herbst (!) wird dieser Kompost auf die Gartenbeete ausgebracht und flach eingearbeitet. Einige Wochen später bereiten wir die Winterfurche, das heißt für den Gärtner, den Boden im Herbst umzugraben. Die Bodenorganismen bauen den Kompost während der kalten Jahreszeit um und wir bekommen gesunde Pflanzen im nächsten Jahr. Düngungsversuche und -vergleiche zeigten uns immer wieder, dass Dünger den Pflanzen nicht direkt gegeben werden dürfen. Die Pflanzen werden dann oft von Pilzen und Schädlingen befallen. Frühjahrsdüngung verschlechtert also die Qualität, Herbstdüngung sorgt für gute Bodenstrukturen und vermehrte Humusanteile.

DER KOMPOST

So sehen die Kompostmieten bei uns auf dem Hof aus.

Zum Glück findet die Kompostherstellung in den letzten Jahren sehr viele Freunde – denn es ist nicht nur ein „dummer" Satz, dass der Kompost das Gold des Gartens ist. Es werden sehr viele Verfahren der Kompostherstellung angepriesen. Einmal sollen die Abfälle vorkompostiert, ein andermal Würmer zugegeben und schließlich teure Gefäße zur Kompostbereitung eingesetzt werden. Wir wenden seit Jahren ein einfaches und billiges Verfahren an, das sich sehr bewährt hat.

Wir brauchen dazu vier Tomatenpfähle und nicht imprägnierte Dachlatten von je 1,25 m Länge (Dachlatten von je 2,5 m werden einmal durchgesägt). Die Tomatenpfähle werden im Abstand von einem Meter in einem Viereck an einer schattigen Stelle im Garten eingeschlagen. Die Dachlatten legt man paarweise, aufrecht überkreuz ins Innere des Tomatenpfahl-Vierecks. Auf den Boden gibt man etwas alten Kompost, da dann die Rotte schneller vonstattengeht. Die täglich anfallenden organischen Abfälle werden nun in diesem Viereck aufeinandergeschichtet und angefeuchtet.

Wir nehmen vier Tomatenpfähle und schlagen sie an den Eckpunkten eines Vierecks ein. Der Abstand der Pfähle beträgt ca. 1 m. Wichtig ist ein schattiger Platz. Nun legen wir 1,25 m lange Dachlatten auf die schmale Seite zwischen die Eckpfähle. Etwas alter Kompost kommt zuunterst auf den Boden, darüber geben wir die gut gemischten organischen Abfälle, die wir immer gleich wieder abdecken. Ab und zu streuen wir eine Handvoll Knochen- oder Hornmehl oder Guano über den Haufen. Im selben Maße, wie der Haufen wächst, erhöhen wir mit den Dachlatten die Außenmauern. Wenn monatlich einmal mit dem Fladenpräparat übergossen wird, beschleunigt sich die Rotte. Wenn der Komposthaufen die Höhe von einem halben Meter erreicht hat, geben wir die Kompostpräparate hinzu. Ganz wichtig: Wir müssen darauf achten, dass der Komposthaufen immer gut feucht ist.

Diese Art der Kompostbereitung betreiben wir seit vielen Jahrzehnten.

Jedesmal decken wir mit einer Stroh- oder Schilfmatte oder einem Teppichstück ab. Man kann ab und zu eine Handvoll Horn- oder Knochenmehl oder Guano mit einstreuen. Dabei ist es wichtig, dass alles gut feucht ist. Die Rotte lässt sich beschleunigen, indem man einmal monatlich mit dem Fladenpräparat übergießt. Die Biodynamiker geben die Kompostpräparate zu, wenn der Komposthaufen eine Höhe von einem halben Meter erreicht hat. Der Hobbygärtner kann diese Präparate beziehen und verwendet sie nach Anleitung (siehe Bezugsquellen).

Versuche zeigen, dass die Rotte beschleunigt und Stoffverluste minimiert werden, wenn der Komposthaufen gut angefeuchtet wird, Kompostpräparate eingesetzt werden und der Kompost mit einer dünnen Torfmullschicht umgeben wird. Wir verwenden die so behandelten Komposte nach einem Jahr. Wir raten davon ab, dem Kompost gewisse Materialien zuzusetzen. Das sind gekochte Küchenabfälle sowie Schalen von Zitrusfrüchten oder Bananen, die nicht aus biologischem Anbau kommen. Die Schalen verschimmeln und bilden Antibiotika, die wiederum die Mikroorganismen stören, die für die Rotte zuständig sind. Man kann die Schalen in einem zugedeckten Gefäß in Wasser vergären lassen und dann erst dem Kompost zugeben, dann stören sie die Rotte nicht mehr.

Unkräuter, die sich leicht vegetativ vermehren, zum Beispiel durch Wurzelausläufer, fühlen sich im Kompost sehr wohl.

Oben: Den ersten Abbau beim Mistkompost besorgen Tintenpilze. Sie benötigen Licht und wachsen außen am Kompost. wenn er genügend feucht ist.

Unten: Die zweite Pilzstufe entwickelt sich im Inneren des Kompostes, hier sind kleine Champignonarten in den Abbauprozessen tätig.

Dem Gartenkompost werden nach dem Aufsetzen verschiedene Präparate zugesetzt, damit eine harmonische Rotte in Gang kommt. Die Präparate, die aus Schafgarbe, Kamille, Brennnessel, Eichenrinde und Löwenzahn hergestellt werden, müssen nach Anleitung in den Kompost in kleine Löcher hineingegeben werden. Das letzte Präparat, das aus Baldrian hergestellt wird, gießt man mit der Gießkanne schließlich über den gesamten Komposthaufen.

Sie vermehren sich lustig weiter und würden dann mit dem reifen Kompost wieder auf das Beet gebracht werden. Daher verjauchen wir die Unkräuter in Wasser, bevor sie dem Kompost zugesetzt werden. Beispiele sind Quecke *(Agropyron repens)* und Giersch *(Aegopodium)* (siehe S. 75 f.). Immer wieder kommt uns zu Ohren, dass durch Kompost das Unkrautwachstum auf den Beeten zunimmt. Das kann dann passieren, wenn man den Kompost falsch behandelt. Werden blühende Unkräuter oder die, die bereits Samen angesetzt haben, auf den Kompost gegeben, muss man dafür Sorge tragen, dass die Samen auch auskeimen, bevor der Kompost auf die Beete kommt. Hält man den Kompost gut feucht, keimen die Samen. Da die dann notwendigen Lebensbedingungen fehlen, sterben sie bald ab. Alle anfallenden Dünger und organischen Abfälle sollten kompostiert werden. Wurden zum Beispiel tierische Körpersubstanzen (Borsten, Horn- oder Knochenabfälle) ohne Kompostierung dem Boden zugefügt, kam es zu stärkerem Schädlings- und Pilzbefall.

Zum Schluss sei noch ein Vorzug des Reifekompostes im Vergleich zu Frischmist (nicht kompostiert) genannt. Wir erreichen mit 100 Doppelzentner pro Hektar Reifekompost die gleiche Wirkung wie mit 400 Doppelzentner pro Hektar Frischmist. Ferner haben zahlreiche Versuche gezeigt, dass organische Substanzen erst über den Rotteprozess in die Lage gebracht werden, für guten Bodenaufbau und gesundes Pflanzenwachstum zu sorgen.

Vegetarischer Kompost

Wir haben Versuche mit Komposten angestellt, denen keinerlei tierische Substanzen zugefügt wurden. Dabei ergaben sich erstaunliche Ergebnisse. Positiv zu bewerten ist, dass die Pflanzen sehr gesund und ohne Schädlingsbefall heranwuchsen. Wir konnten sogar beobachten, dass Schädlinge von benachbarten, anders gedüngten Beeten nicht überwechselten. Negativ zu beurteilen ist jedoch, dass die nur mit vegetarischem Kompost angebauten Pflanzen im Laufe der Jahre ihre Fähigkeit zur Frucht-

Blick auf eines unserer Versuchsfelder. Spinat von Aussaat an Blatttagen (vorne) wächst am besten. Pflanzen von Erdnähesaat (Mitte) sind klein und verlausen. Spinat, der an Fruchttagen gesät wurde (hinter den Zwiebeln), bildet schon Samen.

bildung immer mehr verloren, zum Beispiel Blumenkohl und Kopfsalat.

Kompost aus Unkräutern

Wenn große Mengen an Samenunkräutern anfallen, legen wir einen Extra-Kompost an. Wir bringen sie auf einen Haufen und achten darauf, dass alles gut feucht ist. Die Zugabe von etwas reifem Kompost ist empfehlenswert, da die Rotte dann schneller einsetzt.

Durch die Erwärmung keimen die Unkräuter nach kurzer Zeit. Die Pflanzen können sich jedoch nicht voll entwickeln, gehen ein und verrotten zu wertvollen Substanzen für unseren Gartenboden. Es ist jedoch ganz wichtig, dass nach etwa zwei Wochen die obersten 10 cm gewendet werden, da nur ganz außen genügend Licht und Sauerstoff zur Keimung vorhanden ist. Nach der Keimung decken wir mit Laub und Ähnlichem ab. Man muss unbedingt darauf achten, dass der Kompost immer genügend feucht ist. Bei trockener Witterung gießt man am besten einmal pro Woche. Kompost darf erst verwendet werden, wenn er total vererdet ist, also nach etwa einem Jahr. Analysen ergaben, dass der Unkrautkompost einen hohen Stickstoffgehalt aufweist, der oftmals bedeutend höher ist als der aus anderen Pflanzenabfällen gewonnene Kompost.

Versuchsergebnisse

Hafer gedeiht am besten auf Pferdemistkompost, Kartoffeln auf Schafmistkompost. Salat, Spinat, Feldsalat und die Kohlarten lieben Rindermistkompost, Sellerie, Pastinake und Petersilienwurzel Schweinemistkompost. Beste Erträge und Qualitäten brachte Hühner-Taubenmistkompost bei Weizen, Tomate und Mais. Nur Möhre, Zwiebel, Porree und Rote Bete waren am gesündesten und ertragreichsten, wenn sie mit reinen Pflanzenkomposten ohne tierische Düngerbeimischungen gedüngt wurden. Es traten keine tierischen Schädlinge auf.

Rasenkompost

Aus Rasenschnitt lässt sich gute Komposterde gewinnen. Wir setzen den Schnitt mit etwas Erde, altem Kompost oder Laub vermischt auf und setzen pro Tonne Material 1 kg Ätzkalk zu, damit kein „Sauerkraut“ entsteht. Am besten lässt man das Gras vor

Tipp

Kopfsalat zum Beispiel verliert die Fähigkeit zur Kopfbildung, wenn er über Jahre nur mit Kompost gedüngt wird, dem keine tierischen Substanzen zugefügt wurden.

dem Aufsetzen etwas anwelken, dann kommt es später zu einer schnelleren Umsetzung im Haufen. Es ist ratsam, pro m^3 Grasschnitt 1 kg Ätzkalk einzupudern.

Schnelle Kompostierung tierischer Körpersubstanzen

Wenn man tierische Körpersubstanzen, wie zum Beispiel Hornmehl, Knochenmehl, Borsten, Wolle, Federn oder Guano, für Spezialdünger (meist Saatrillen- oder Pflanzlochdünger) verwendet, gibt es die Möglichkeit, sie in einem Sonderverfahren zur schnellen Rotte zu bringen. Trotzdem ist dieses Verfahren nicht ideal, besser ist die totale Umsetzung im Komposthaufen. Für die schnelle Rotte mischt man 80 % reifen Pflanzenkompost mit 20 % der tierischen Substanz und stellt kleine Haufen her. Sie müssen gut angefeuchtet, dann mit Stroh abgedeckt und schließlich noch einmal nachgewässert werden. Steht kein Stroh zur Verfügung, kann man notfalls auch eine Plane oder Decke nehmen. Die erste Umsetzungsphase ist nach etwa fünf bis sechs Wochen vorbei und zeigt sich durch einen weißen Belag außen am Haufen. Nun kann man den Spezialdünger verwenden. Die Pflanzen werden nun deutlich weniger von Pilzen befallen (siehe S. 79).

Schnelle Kompostierung von tierischen Körpersubstanzen

Wir nehmen 80 % reifen Pflanzenkompost und 20 % der tierischen Körpersubstanz. Nach guter Durchmischung werden kleine Häufchen gebildet, die wir sehr gut anfeuchten. Schließlich wird mit Stroh abgedeckt und noch einmal nachgewässert.
Nach fünf bis sechs Wochen zeigt sich ein weißer Belag auf den Häufchen (Zeichnung Mitte). Nun können wir den entstandenen Spezialdünger verwenden.

TEEANWENDUNGEN

Geerntete Tomaten von einem Teeversuch vor einer Pflückung: 1 = 501-Kiesel, 2 = Schafgarbentee, 3 = Kamillentee, 4 = Brennnesseltee, 5 = Eichenrindetee, 6 = Löwenzahnblütentee, 7 = Baldrianblütentee, 8 = Schachtelhalm, 9 = 500 + 501 Hornmist + Hornkiesel

Zieht man eine gewisse Bilanz über die Folgen der Teeanwendungen, lieben die Getreide vor allem den Schafgarbentee, gespritzt an Fruchttagen, morgens, im Jugendwachstum.

Die Wurzelfrüchte wie Möhre, Rote Bete, Zwiebeln und Radieschen mögen Schafgarben- und Kamillentee, je zweimal während der Vegetationszeit, gespritzt morgens an Wurzeltagen.

Die Kartoffel mag in der Reihenfolge Brennnessel zweimal und Kamille zweimal, am Morgen früh an Wurzeltagen.

Die Tomate mag in der Reihenfolge je einmal frühmorgens an Fruchttagen Brennnessel-, Schafgarben- und Löwenzahnblütentee. Beim neutralen Nachbau, ohne nochmalige Anwendung, hatten die mit Löwenzahn behandelten Pflanzen im nächsten Jahr noch erhöhte Vitamin-C- und Zuckergehalte. Blattpflanzen, wie Salat, Blumenkohl und Kohlrabi, mögen einmal Brennnesseltee und einmal Schafgarbentee, gespritzt im Jugendwachstum morgens an Blatttagen. Der Kohlrabi ist für eine zusätzliche Löwenzahnblüten-Tee-Anwendung dankbar, am Morgen an Blatttagen.

Kamille

Brennnessel

Die Herstellung der Tees

Löwenzahnblüten kann man im April während der Blütezeit selbst sammeln und trocknen, oder die Blüten im Fachhandel kaufen. Alle Blütentees werden mit kochendem Wasser übergossen, man rechnet 2 g für 5 l Flüssigkeit. Man kann die Blüten zunächst mit 1 l Wasser übergießen, dann drei Minuten ziehen lassen und nach dem Absieben auf 5 l verdünnen.

Bei der Brennnessel nehmen wir fünf Pflanzen von 30 cm Länge, setzen sie im Kochtopf mit 2 l Wasser kalt an und lassen das Wasser eben zum Kochen kommen, nehmen es sofort vom Herd und lassen es drei Minuten ziehen. Dann sieben wir ab und verdünnen auf 5 l.

Zur Erklärung

Wir sind von der Brennnesseljauche ganz abgekommen, sie hat zwar diese enorm treibende Wirkung, aber bei Lagervergleichen mit verschiedenen Gemüsearten hatten diese Jauchevarianten eine ganz schlechte Lagerfähigkeit. Die Wurzelfrüchte faulten schon nach kurzer Zeit. Dies geschieht nicht bei den Teeanwendungen. Der Tee wird niemals gegossen, sondern nur feinverdüst auf die Blätter gespritzt. Wir haben nie mehr als drei Spritzungen durchgeführt.

Löwenzahn

DÜNGEWASSER AUS KRÄUTERN

Nicht nur aus Brennnessel lässt sich eine Jauche zum Düngen herstellen (siehe Seite 45 ff.), auch andere Pflanzen sind hierfür geeignet. Beispiele sind Distel, Gänsedistel, Beinwell und Vogelmiere. Aber auch Kräuter, die wir selbst in der Küche brauchen, können verjaucht und als Düngewasser verwendet werden. Haben wir also Reste von Beifuß, Kamille, Lavendel, Schafgarbe oder Zitronenmelisse übrig, setzen wir sie zum Verjauchen an (1 kg frische Kräuter auf 10 l Wasser). Später können wir 1 l der Jauche auf 40 l Gießwasser geben und damit gießen. Höher soll die Konzentration nicht sein. Die Reste kommen auf den Kompost.

Aus Beinwell (*Symphytum officinale*, links) und Echter Kamille (rechts) lassen sich Jauchen herstellen, mit denen wir düngen können.

HORNMISTPRÄPARAT UND HORNKIESELPRÄPARAT

Radieschen von einem Rhythmen- und Präparateversuch: Der Unterschied liegt bei etwa 40 %.

Das Hornmistpräparat (Präparat 500) und das Hornkieselpräparat (Kieselpräparat 501) sind für die biologisch-dynamische Anbauweise unerlässlich.

Das **Hornmistpräparat** wird aus Kuhmist hergestellt. Es stellt eine gute Beziehung von der Pflanze zu den Erdenkräften her. Spritzt man es zu Aussaaten, dann kann die Pflanze mehr Wurzeln entwickeln und den oberirdischen Pflanzenteil besser versorgen. Wir benutzen es auch beim Umpflanzen; das ist besonders dann wichtig, wenn die Pflanzzeit nicht genutzt werden kann. Das Hornmistpräparat schwächt den ungünstigen Impuls der „Nicht-Pflanzzeit“ ab.

In biologisch-dynamischen Höfen wird Kuhmist im Oktober in ein Kuhhorn eingefüllt. Dieses Horn vergräbt man in der Erde, wo es über den Winter verbleibt. Das Horn saugt die Kräfte aus der Wintererde auf und verbindet sie mit dem Mist. Im Frühjahr nimmt man das Horn aus der Erde heraus und füllt den Inhalt des Kuhhorns in ein Glasgefäß ein. Dieses verschließt man mit einem Glasdeckel oder Korken und bewahrt es bis zum Gebrauch in Torfmull auf. Das Hornmistpräparat ist zwei Jahre verwendbar.

Bei unseren landwirtschaftlichen Flächen rühren wir 30 g Hornmistpräparat in 10 l

Wasser ein. Achten Sie dabei auf gute Trichterwirkung von außen nach innen. Nur eine Person darf rühren (genaue Anweisung siehe Seite 51). Das reicht für die Spritzung von 2.500 m² Boden. Gärtner brauchen – je nach Größe der Fläche – entsprechend weniger. Das Hornmistpräparat wird vor der Saat dreimal gespritzt, im Abstand von etwa zehn Minuten.

Das **Hornkieselpräparat** wirkt gemeinsam mit den kosmischen Kräften, daher soll es an den Tagen gespritzt werden, an denen die für die Pflanze günstige Saatzeit ist. Das heißt, Blattpflanzen wie Salat werden an Blatttagen gespritzt.

Unsere Versuche brachten in Einzelfällen noch einige spezielle Ergebnisse. So ist es günstig für die Lagerqualität, wenn Lagerkohl die letzte Spritzung mit dem Hornkieselpräparat an Blütentagen vor der Ernte erhält. Eine bessere Möhrenqualität bekommt man durch eine letzte Kieselspritzung bei Mond vor Widder oder vor Waage nachmittags kurz vor der Ernte. Die nachstehende Tabelle soll die Anwendung noch einmal verdeutlichen.

Für das Hornkieselpräparat brauchen wir durchsichtigen Bergkristall, der möglichst nicht mit anderen Stoffen verunreinigt ist. In der Industrie stellt man daraus Lupen her. Betrachten wir die Lupen. Fällt Sonnenlicht hindurch, kann sich darunterliegendes Papier entzünden und verbrennen. Die Licht- und Wärmewirkung wird also verstärkt. Diese Eigenschaft machen wir uns beim Pflanzenanbau zunutze. Wir geben fein verriebenen Quarz in ein Kuhhorn. Die Form und Spiraltendenz des Kuhhornes hat eine stark konzentrierte Wirkung auf das biologische Geschehen, so ergab die Forschung Rudolf Steiners. Das Kuhhorn kommt in die Sommererde und konzentriert die Sommersonnenwirkung im Hornkieselpräparat.

Anwendung des Kieselpräparates

Pflanzen	Zeitpunkt der Spritzung mit Kieselpräparat
Wurzelpflanzen	an Wurzeltagen: dreimal innerhalb eines Monats (das heißt: etwa alle neun Tage einmal an Wurzeltagen); morgens nach Sonnenaufgang
Blattpflanzen	an Blatttagen: dreimal innerhalb eines Monats; morgens nach Sonnenaufgang
Blütenpflanzen	an Blütentagen: dreimal innerhalb eines Monats; nach Sonnenaufgang
Frucht/Samenpflanzen	an Frucht/Samentagen: dreimal innerhalb eines Monats; nach Sonnenaufgang

Vom Hornkieselpräparat nehmen wir 0,5 g und rühren es eine Stunde in 4 bis 5 l Wasser. Das reicht für 1.000 m^2 Pflanzenfläche. Für 100 m^2 brauchen wir ca. 0,5 l. Es ist ganz wichtig, dass man einen guten Trichter rührt. Die Rührung (siehe Zeichnung und Bildunterschrift!) muss vom Rand des Ton- und Holzgefäßes nach innen gehen, nicht von der Mitte nach außen! Die Kräfte des Umkreises werden durch den Sog hineingezogen und konzentriert. Rührt man von innen nach außen, dann „versprüht" man die Kräfte. Das gerührte Präparat muss innerhalb der nächsten drei bis vier Stunden verwendet werden, da es danach bald seine Wirkung verliert. Es ist sehr wichtig, dass nur eine Person rührt. Beide Präparate stellen wir bei uns in der Versuchsstation selbst her. Für Hobbygärtner ist die Eigenherstellung zu aufwendig, er kann die Präparate nach entsprechender Beratung über die Adresse (siehe Seite 214) beziehen. Die Anleitung, wie die Spritzbrühe hergestellt wird, bekommen Sie bei Lieferung der Präparate dazu (siehe auch Hinweis auf Seite 54).

Hinweis

Hornmist gibt man zu den Aussaaten auf den Boden, Hornkiesel während des Wachstums auf die grüne Pflanze. Das bewirkt höhere Erträge und bessere Qualitäten. Die Pflanze wird sensibel. Sie kann die Wachstumsimpulse von Sonne, Mond, Planeten und Fixsternen besser aufnehmen und „in ihrer Leiblichkeit zur Auswirkung bringen".

Beim Rühren der Präparate, zum Beispiel mit einem Holz- oder Bambusstab, ist es sehr wichtig, dass wir einen guten Trichter rühren. Wir rühren von außen nach innen, dann zieht man die Kräfte der Umgebung mit hinein. Es darf nur von einer Person gerührt werden. Hat sich der Trichter richtig aufgebaut, ziehen wir den Stab heraus, lassen noch eine Weile nachschwingen und rühren dann einen Trichter in die andere Richtung.

DAS FLADENPRÄPARAT

Leider ist es nicht ganz einfach, das Fladenpräparat zu beziehen, wenn man es nicht selbst herstellen will oder kann. Regionale Gruppen helfen meist weiter oder die Adresse auf Seite 214.

Der Kuhfladen ist das Trägermaterial für die drei Aspekte Hühnereierschale, Basalt und Kompostpräparate, aus denen das Fladenpräparat hergestellt wird. Diese Fladen sollten möglichst von Kühen aus einem biologisch-dynamisch bewirtschafteten Hof stammen. Es empfiehlt sich, die Kühe einige Tage auf Rauhfutter umzustellen, damit der Fladen eine gute Formung aufweist. Auch die Eierschalen sollten möglichst von einem biologisch-dynamischen Hof stammen.

Fünf 10-Liter-Eimer reiner Fladen, 100 g trockene, fein verriebene Eierschale und 500 g Basaltsand (0,2 bis 0,5 mm Körnung) gibt man in eine Holzbütte. Mit einem Spaten wird das Ganze eine Stunde lang umgestochen und bewegt, das ist die Dynamisierung. Die erste Hälfte dieser Mischung geben wir nun in ein altes Holzfass ohne Boden(!), das 40 bis 50 cm tief im Freien in den Boden eingegraben wurde. Die ausgegrabene Erde wird rings um das Fass angehäuft (angeworfen). In die erste Hälfte geben wir nun eine halbe Portion Kompostpräparate (siehe Kompost, Seite 41), einzeln angeordnet wie auf dem Komposthaufen. Dann kommt die zweite Hälfte der Mischung ins Fass, und nun gibt man die zweite Hälfte der Kompostpräparatportion, einzeln angeordnet, hinein. Dann rühren wir fünf Tropfen Baldrianpräparat zehn Minuten lang in einem Liter Wasser. Das „Baldrianwasser" gießen

Das Fladenpräparat: Es hat die beschriebenen Prozeduren durchgemacht und ist gebrauchsfertig.

Herstellung des Fladenpräparates

**Fünf 10-Liter-Eimer Rindermist, 100 g trockene, fein verriebene Eierschalen und 500 g Basaltsand (0,2 bis 0,5 mm Körnung) sticht man in einer Holzbütte eine Stunde lang um.
Dann geben wir die Mischung und die Kompostpräparate, wie im Text beschrieben, in ein eingegrabenes Holzfass ohne Boden und lassen alles vier Wochen ruhen. Dann stechen wir mit dem Spaten noch einmal um. Nach weiteren vier Wochen Ruhe kann das Fladenpräparat angerührt werden.**

wir über den Fassinhalt und decken das Fass mit einem Holzdeckel oder Brett zu.
Nun lassen wir das Fass vier Wochen ruhen. Dann wird der Inhalt mit einem Spaten kurz umgestochen. Weitere vier Wochen später kann man das Fladenpräparat dann verwenden.

Hinweis

Sie müssen das Fladen-, Hornmist- und Hornkieselpräparat vor dem Spritzen abseihen.
Bitte verwenden Sie ein sehr feines Sieb, beispielsweise ein Haarsieb. Noch besser ist dafür ein doppelter Nylonstrumpf geeignet. Danach verstopfen die Düsen nicht mehr.

Von dem Fladenpräparat rühren wir für unsere landwirtschaftlichen Versuche 20 Minuten 60 g in 10 l Wasser (von einer Person, mit guter Trichterwirkung von außen nach innen, siehe auch Seite 51). Die Menge reicht für die Spritzung von 2.500 m². Gärtner brauchen – je nach Fläche – wesentlich weniger Wasser und auch weniger Präparat. Die besten Ergebnisse erzielen wir nach drei Spritzungen an aufeinanderfolgenden Tagen mit dem Fladenpräparat (drei bis fünf Tage vor der Aussaat). Diese können zwei bis drei Tage von derselben Rührung genommen und gegen Abend gespritzt werden.
Das Fladenpräparat aktiviert die Umsetzungen im Boden, es regt die Bodenorganismen an, die dann für eine bessere Bodenstruktur und schnellere Verbauung von anorganischen und organischen Substanzen sorgen. Wir empfehlen, auch dann zu spritzen, wenn eine Gründüngung eingebracht oder Mist oder Kompost ausgebracht wurde (jeweils einmal). Wir geben es auch zur Winterfurche (einmal).
Das Fladenpräparat wird in allen Ländern angewendet, in denen biologisch-dynamischer Land- und Gartenbau betrieben wird. Wir haben Versuche mit dem Mist von Schafen, Ziegen, Pferden, Hühnern, Kaninchen, Schweinen, Gänsen und Schwalben gemacht, mit guten Ergebnissen mit Ausnahme von Schweine-, Gänse- und Schwalbenmist.

Tipps für den Obstanbau

Das Fladenpräparat wirkt am besten, wenn es an frostfreien Wintertagen unter die Bäume und auf den Stamm gespritzt oder dem Baumanstrichmaterial beigemischt wird.
Hornmist geben wir im Frühjahr einmal und Hornkiesel einmal nach der Blüte auf die Blätter, einmal Anfang Juli während der Veranlagung der Knospen für das Folgejahr und einmal nach der Ernte auf die Blätter.
Das ist vorbeugend für die Gesundheit des nächsten Jahres.

GESTEINSMEHL

Gesteinsmehle können bei der Düngung von Pflanzen verwendet werden. Dabei ist auch hier grundsätzlich der Weg über den Kompost nötig. Sie werden in geringen Mengen dem Kompost zugegeben und sorgen für eine bessere Kompostqualität, da sie im Boden die Tonbildung anregen.

Basaltmehl

Basaltmehl sei hier gesondert hervorgehoben. Basalt ist ein relativ junges Gestein, das zwar durch einen Wärmeprozess gegangen, aber nicht verbrannt ist. Für uns ist Basaltmehl ein Heilmittel, daher darf es auch nur in kleinen Mengen über die Kompostierung dem Boden zugefügt werden. Heilmittel wirken nicht, wenn wir sie in Mengen wie Nahrungsmittel verwenden.

Ernte von Beerenobst

GRÜNDÜNGUNG

Unter Gründüngung verstehen wir eine Bodenbegrünung mit bestimmten Pflanzen – den Gründüngungspflanzen. Die Pflanzen bleiben kürzere (einige Wochen) oder längere Zeit (über Winter) auf dem Beet stehen, werden dann in der Regel grün geschnitten und in den Boden eingearbeitet. Teilweise werden die Pflanzen jedoch auch als Viehfutter verwendet.

Die Gründüngung bringt viele Vorteile. Sie schützt den Boden und bringt einen Fruchtwechsel. Bestimmte Gründüngungspflanzen – die Leguminosen (Hülsenfrüchtler) – können Luftstickstoff binden und in den Boden bringen. Durch das Unterhacken der Pflanzen versorgen wir die Erde mit organischen Materialien, so wird das Bodenleben angeregt.

Die Aussaatzeit der Gründüngung richtet sich danach, wie man sie verwenden will. Soll viel Blattmasse für Viehfutter wachsen, dann wird an Blatttagen gesät. Die Leguminosen (Hülsenfrüchte), die einen hohen Besatz an Wurzelknöllchen zur Stickstoffsammlung bringen sollen, werden an Wurzeltagen gesät.

Wenn die Gründüngungspflanzen geschnitten und in den Boden eingearbeitet werden sollen, wählt man die Zeit des absteigenden Mondes (Pflanzzeit). Dann konzentrieren sich die Kräfte nach unten, was die Umsetzungen im Boden fördert. Wir empfehlen, zusätzlich das Fladenpräparat zu spritzen, dann werden die Umsetzungen beschleunigt.

Wir säen Lupinen als Gründüngung, um eine Anreicherung von Stickstoff und Kalzium im Boden zu erreichen.

Gründüngungspflanzen und ihre Wirkungen

Klee, Lupine, Erbsen, Linsen: Stickstoff- und Kalzium-Anreicherung im Boden.
Phacelia, Kornblume, Kornrade und Lein: Phosphor-Aktivierung.
Borretsch und Buchweizen: Kalium-Anreicherung.
Raps, Senf und Ölrettich: Ausscheidung schwefliger Stoffe, die im Folgejahr den Samenfrüchten wieder zu besserem Ertrag verhelfen.

Borretsch reichert Kalium im Boden an.

Die Kornblume dient zur Phosphoranreicherung.

FRUCHTWECHSEL UND FRUCHTFOLGE

Unter Fruchtwechsel verstehen wir den Anbau von wechselnden Pflanzenarten auf ein und demselben Beet. Wichtig ist eine mehrjährige Anbaupause von Arten derselben Familie, um einseitigen Nährstoffentzug, Anreicherung von Absonderungsprodukten und Fruchtfolgekrankheiten zu verhindern. Zum Beispiel sollte man Kopfkohl nicht nach Blumenkohl pflanzen. Werden Böden einseitig beansprucht, indem dieselbe oder verwandte Arten in zu kurzem oder keinem Abstand auf dem gleichen Beet angebaut werden, kommt es zuerst zu Mangelerscheinungen. Krankheiten

Wenn man die Fruchtfolge plant, muss bedacht werden, dass auch die Gründüngungspflanzen in die Folge passen. Der Senf zum Beispiel gehört zur Familie der Kreuzblütler, zu denen auch die Kohlgewächse zählen.

Die Pflanze durchlebt eine Fünfgliedrigkeit – Wurzel/Blatt/Blüte/Same/Frucht –, die sie im Laufe der Jahre auch durchmachen möchte. In der Praxis kommen wir zu der Vierer-Aufteilung Wurzel, Blatt, Blüte, Frucht/Same.
Das sei hier am Beispiel der Kreuzblütler verdeutlicht:
Radieschen konzentrieren die Kräfte in der Wurzel (oben links). Die Kopfkohlarten, wie zum Beispiel der Rotkohl, halten die Stängelkräfte im Blattbereich zurück (unten links). Der Blumenkohl schenkt uns schließlich seine Knospe mit unvergleichlichem Geschmack (oben rechts). Da wir im Garten keinen Kreuzblütler haben, den wir wegen seiner Samen anbauen, kann zum Beispiel das Unkraut Hirtentäschel die Lücke ausfüllen. Auch der Raps (unten rechts) ist möglich, den wir in der Landwirtschaft zum Beispiel zur Ölgewinnung anbauen.

und Schädlinge folgen. Wir können zwar durch Pflanzenschutzmittel die Pflanze erhalten, die Qualität der Frucht ist aber nachhaltig geschädigt, und das können wir nicht ausgleichen. Durch die richtige Fruchtfolge tritt all dies gar nicht erst auf.

Für Hobbygärtner ist die Fruchtfolge oft ein Problem, da nur wenig Beetfläche zur Verfügung steht und bestimmte Gemüse ständig verlangt werden. Wir müssen daher am Jahresanfang eine gute Fruchtfolge planen und im Jahresverlauf die Pflanzungen aufschreiben. Tut man das nicht, entsteht schnell ein unübersichtlicher Fruchtwechsel mit den beschriebenen Folgen.

In verschiedenen Büchern und Zeitschriften konnte und kann man lesen, dass die Folge Starkzehrer, Schwachzehrer und Leguminose eingehalten werden soll. Wir haben jedoch festgestellt, dass dies innerhalb kurzer Zeit Pflanzenschutzmittel erfordert. Die Pflanzen wurden krank, mussten behandelt werden und büßten an Qualität ein. Bei sinnvollen Fruchtfolgen müssen die Pflanzenfamilien beachtet werden. Am Beispiel der Kohlhernie soll das erklärt werden. Die Kohlhernie ist eine Wurzelwucherung, die durch einen bodenbürtigen (im Boden lebenden) Pilz an den Wurzeln der Kohlarten (und Kreuzblütler) hervorgerufen wird. Nicht nur Weißkohl und Kohlrabi werden also befallen, sondern auch Raps, Senf, Radieschen und so weiter, die alle zur selben Familie gehören. Auch bei einer Gründüngung, zum Beispiel mit Senf, muss die Fruchtfolge beachtet werden. In diesem Fall sollte man sich für eine andere Gründüngungspflanze, zum Beispiel Phacelia, entscheiden. Wir empfehlen, dass fünf Jahre lang nicht die gleiche Pflanzenfamilie auf das gleiche Beet kommt.

Außerdem muss die „Organbildung" der Pflanze bedacht werden. Die Pflanze durch-

Fruchtfolgebeispiel, wie es sich bei uns bewährt hat: Blumenkohl für das erste Jahr (ganz links oben), Rote Bete für das zweite Jahr (ganz links unten), Buschbohnen für das dritte Jahr (links oben), Kartoffeln für das vierte Jahr (links unten), danach Erdbeeren für die nächsten Jahre (rechts).

lebt eine Fünfgliedrigkeit und möchte sich im Laufe der Jahre in den Fruchtungsmöglichkeiten Wurzel – Blatt – Blüte – Same – Frucht erleben. Hier entsteht wieder die Verbindung zu den von uns beschriebenen kosmischen Impulsen, die genau diese „fünf Glieder" beachten (siehe Seite 13). Diese sind bei der Fruchtfolgeplanung zu berücksichtigen.

Wir wollen uns das an der Familie der Kreuzblütler verdeutlichen, zu der beispielsweise die Kohlarten gehören. Rettich und Radieschen konzentrieren die Kräfte in der Wurzel, im Bereich des Wurzelhalses verdicken sie sich und bringen hier die Frucht hervor. Die Kopfkohlarten halten die Stängelkräfte im Blattbereich zurück und hüllen ein Blatt um das andere, bis der Prozess mit der Erntereife abgeschlossen wird. Der Kohlrabi verdickt den Stängel und entwickelt hier seine Frucht. Der Blumenkohl schließlich bildet sein Herz, um uns seine unvergleichlich schmeckende Knospe zu präsentieren.

Bei den Kreuzblütlern gibt es im Garten keine Pflanzen, die wegen ihrer Samen angebaut werden. In der Landwirtschaft haben wir den Raps. Im Garten könnten Unkräuter – wie etwa Hirtentäschel und Hellerkraut – die Lücke ausfüllen, damit durch die Pflanzen der volle Austausch mit dem Boden stattfinden kann.

Wir sehen also, dass im Folgejahr nicht nur die Pflanzenfamilie, sondern auch ein anderes Pflanzenorgan auf dem Beet wachsen sollte bzw. muss. In der Praxis berücksichtigen wir die Organe Wurzel, Blatt, Blüte und Frucht/Same – wir bekommen also eine Vierer-Aufteilung.

Wir empfehlen, dass ein Beet, das im ersten Jahr Blattpflanzen trug, im nächsten Jahr Pflanzen erhält, die ihre Wurzeln verdicken. Im dritten Jahr sollte man Gewächse wählen, denen der Boden die im unteren Bereich zurückgehaltenen Kräfte in die oberen Pflanzenbereiche (Samen oder Fruchtfleisch) hinauftragen kann. Wie auch wir Menschen immer wieder richtig ausatmen müssen, muss das auch der Boden – und diese Wirkung hat das dritte Jahr. Im vierten Jahr wachsen Blütenpflanzen auf dem Boden. Nun schießen keine überflüssigen Samenkräfte in die Pflanze hinein, da sich der Boden dieser im letzten Jahr bereits entledigt hat. So kann es nicht zur unerwünschten Samenbildung bei den Blütenpflanzen kommen.

Werden neben dem Wechsel der Pflanzenfamilie auch die im voranstehenden Abschnitt erläuterten vier bzw. fünf Pflanzenorgane bei der Fruchtfolge beachtet, dann schafft man die besten Voraussetzungen für Boden und Pflanzenwachstum. In den nachfolgenden Fruchtfolgebeispielen gehen wir von einem überständigen Erdbeerbeet aus, einer Erdbeerpflanzung also, die an anderer Stelle ersetzt werden muss. Nach der letzten Erdbeerernte wird abgemäht, die grünen Pflanzenteile kommen auf den Komposthaufen. Dann gräbt man das Beet um und sät Roggen mit Lupine ein. Das hat sich als sehr günstig erwiesen, da der Boden ab und zu mit Gras bewachsen werden sollte. Außerdem wurzelt der Roggen sehr tief und lockert so auch untere Bodenschichten. Die Lupine als Leguminose sammelt Stickstoff und verbessert so die Nährstoffsituation. Im Frühjahr werden die gewachsenen Pflanzen als Gründüngung abgeschnitten und untergehackt. Nun hat man eine gute Ausgangssituation für den Anbau von Kreuzblütlern, also zum Beispiel von Kohlarten.

Im Folgenden haben wir einige Fruchtfolgebeispiele zusammengestellt. Daraus soll jeder sein eigenes passendes Fruchtfolgesystem entwickeln, das dann den Gegebenheiten vor Ort gerecht wird. Wir haben mit dieser Fruchtfolge sehr gute Erfahrungen gemacht. Die Pflanzen waren und blieben gesund, die Erträge waren sehr gut.

Die Erdbeere bleibt fünf bis acht Jahre auf demselben Beet stehen, dann beginnt die Anbau-Reihenfolge von vorn.

Nun noch einige Tipps:

- Statt Kartoffeln kann man auch Schnittblumen anbauen.
- Beim Anbau von Kartoffeln können Lupinen mit eingesät werden. Sie werden bei Hackarbeiten nicht gesondert berücksichtigt. Wenn die Lupinen-Blütenknospen erscheinen, schneidet man sie ab, dadurch kommt es zur Seitentriebbildung mit dem gewünschten verstärkten Blattwachstum. Dadurch wiederum erreichen wir eine höhere Knöllchenbildung und Stickstoffsammlung an den Wurzeln der Lupinen.
- Wenn im Herbst die Tomaten und Gurken abgeerntet wurden, kann Wicke eingesät werden.

Ausgangssituation: Roggen-/Lupine-Gründüngung nach Erdbeerumbruch

1. Jahr	2. Jahr	3. Jahr	4. Jahr	5. Jahr
Weißkohl	Möhre	Markerbse	Kartoffel	Erdbeere
Rotkohl	Pastinake	Puffbohne	Kartoffel	Erdbeere
Wirsing	Schwarzwurzel	Kichererbse	Kartoffel	Erdbeere
Blumenkohl	Rote Beete	Buschbohne	Kartoffel	Erdbeere
Grünkohl	Zwiebeln	Zuckermais	Kartoffel	Erdbeere
Rosenkohl	Sellerie	Stangenbohne	Topinambur	Erdbeere
Kohlrabi	Lauch	Paprika	Topinambur	Erdbeere
Steckrübe	Mangold	Gurke	Topinambur	Erdbeere
Radieschen	Petersilie	Tomate	Topinambur	Erdbeere
Rettich	Kräuter	Gurke	Blumen	Erdbeere

Einige Beispiele sollen verdeutlichen, warum wir die genannten Fruchtfolgen vorschlagen: Grünkohl etwa braucht Kräfte für die lockere Blatt- und Stängelbildung. Die im nächsten Jahr folgende Zwiebel kann ohne Aufstängelungsbedürfnis ihren Fruchtkörper entwickeln.

Kohlrabi konzentriert die Kräfte auf das Anschwellen seiner Stängelregion. So ist er für den Lauch als Vorfrucht geradezu ideal, da dieser wiederum durch zu starke Stängelkräfte aus dem Boden in seiner Blatthüllenbildung gestört werden würde. So kann er seine Blatthüllen mehren und dicht an dicht packen, um die schönsten Lauchstangen zu bilden.

Diese Betrachtungen könnten noch seitenweise fortgeführt werden. Sie sollen jeden dazu anregen, über derartige Dinge nachzudenken und eigene Beobachtungen anzustellen.

Nun noch zu den Pflanzen, die in der Tabelle ausgelassen wurden und keine ganze Vegetationsperiode in Anspruch nehmen, um zur Reife zu kommen. Es handelt sich hier um beliebte Gemüse wie Spinat, Kopfsalat, Feldsalat, Endivien und Schnittsalat. Mit diesen Pflanzen handhaben wir es folgendermaßen:

– Salat wird als Markiersaat zwischen Möhren ausgesät. (Markiersaat: Die Möhren brauchen lange für die Keimung, daher sät man schnellkeimenden Salat, um die Saatreihen beim Hacken gut und frühzeitig erkennen zu können.) Die jungen Salatpflanzen kommen später auf die Kohlbeete, wenn sie mit den Möhren-Jungpflanzen in Konkurrenz treten. Bis der Kohl zu groß geworden ist, haben wir den Salat längst geerntet. So können beide wachsen.
– Spinat und Feldsalat säen wir an den Rand der Gurkenbeete. Sie schützen und bedecken den Boden und sind bereits geerntet, wenn die Gurken den Platz auch benötigen.
– Salat und Spinat können im Frühjahr auf den Beeten als Zwischenfrucht gepflegt werden, die erst später (ab Mai) mit der Hauptfrucht bepflanzt werden.
– Salat, Spinat und Endivien können im Anschluss an die abgeernteten Gemüse Frühkohl, Buschbohnen oder Frühkartoffeln auf den Beeten wachsen.

Wir konnten bisher noch keine Fruchtfolgeschäden durch diesen Zwischenfruchtanbau feststellen.

Einzig bei den Kreuzblütlern muss man Vorsicht walten lassen. Die kurzlebigen Radieschen, Rettiche oder die Gartenkresse dürfen nur auf Kohlbeeten wachsen. Man kann sie dort zum Beispiel auch an den Rand setzen. Sie dürfen niemals auf die Beete kommen, auf denen andere Pflanzenfamilien wachsen, da dadurch der gewünschte Abstand von fünf Jahren in der Fruchtfolge nicht mehr eingehalten wird (siehe auch Text Seite 61, vierter Absatz).

Der Kohlrabi (rechts) ist die ideale Vorfrucht für Lauch (unten). Der Kohlrabi konzentriert die Kräfte im Stängelbereich und verdickt ihn, um seine „Frucht" auszubilden. Der Lauch wird so nicht durch zu starke Stängelkräfte aus dem Boden irritiert und kann seine Blatthüllen dicht an dicht packen, um die schönsten Lauchstangen zu entwickeln.

BEWÄSSERUNG

Es wird Sie wundern, aber wir wässern unsere Pflanzungen nicht, außer nur einmal nach der Umpflanzung, bei der Rasenaussaat, weil der Rasen obenauf liegt, und außerdem natürlich die Pflanzen im Gewächshaus. Selbst in Trockenjahren haben wir gute Erträge, weil wir einige Grundgesetze der Natur beachten.

Am Vormittag atmet der Boden aus, am Nachmittag atmet er ein. Die Kräfte orientieren sich am Morgen nach oben (zu den oberen Pflanzenteilen). Nachmittags und abends konzentrieren sich die Kräfte zu den unteren Pflanzenteilen und streben in die Erde. Man kann sich diese Tatsachen also zunutze zu machen. Wenn man „Wasser" in die Erde haben möchte, hackt man abends, dann atmet der Boden die Feuchtigkeit der Umgebung ein. Ist das Erdreich zu feucht, hackt man morgens, da jetzt der Boden Feuchtigkeit nach außen ausatmet.

Wir wässern unsere Pflanzungen nie, außer einmal nach der Umpflanzung und bei der Rasen-Aussaat. Das gilt natürlich nicht für das Gewächshaus. Hier müssen wir angemessen, also im Sommer sogar bis zu zweimal am Tag gießen.

Am Vormittag atmet der Boden aus (links), am Nachmittag ein (rechts).

Es werden nur die oberen 3 cm gehackt, da so eine lockere Schicht entsteht, die als Feuchteregulator wirkt.
Wenn man die Pflanzen ans Gießen gewöhnt, schicken sie ihre Wurzeln nicht so tief in die Erde. Kommt dann eine Trockenzeit, sind sie vom „künstlichen" Bewässern abhängig. Wir konnten schon Möhren und Pastinaken ernten, deren Saugwurzeln bis zu 1,20 m lang waren, bei den Zwiebeln waren es 80 cm. Außerdem haben wir festgestellt, dass durch wiederholtes Gießen die Struktur der Böden zerstört wird. Sie werden hart und bei Trockenheit rissig.
Während trockener Perioden kann man die Beete mulchen. Allerdings sollte der Mulch sofort abgeräumt werden, wenn es wieder genügend geregnet hat, da er sonst eine ideale Nist- und Brutstätte für Schnecken darstellt.
In Trockenzeiten hacken wir gegen Abend an Blatt- und Wurzeltagen. Außerdem lässt sich die Nachtfeuchte fördern und Taubildung unterstützen, wenn wir gegen Abend die Wege und Rasenflächen mit dem Hornmistpräparat (siehe Seite 49 ff.) oder dem Fladenpräparat (siehe Seite 52 ff.) spritzen.

Wasserqualität

Natürlich ist es nicht gleich, mit welchem Wasser man gießt. Von dem Wasserforscher Theodor Schwenk, Begründer und langjähriger Leiter des Instituts für Strömungswissenschaften in Herrischried, wissen wir, dass unser Wasser schon dadurch verbessert werden könnte, wenn unsere Bäche und Flüsse wieder ihrem natürlichen

Lauf folgen dürften. Diese Forschungsergebnisse regten den englischen Bildhauer John Wilkes dazu an, Schalen zu schaffen, in denen das Wasser seinen Eigenbewegungsbedürfnissen folgen kann.
Wir führten nun folgenden Versuch durch. Zwischen unsere beiden Teiche, die unterschiedliche „Höhenlage" haben, stellten wir 36 dieser Schalen auf und gossen Aussaaten in unserem Gewächshaus eine Woche lang mit Wasser, das durch die Schalen gelaufen war. Nach der Auspflanzung wurden die Gemüse genauso behandelt, wie alle anderen auch – also nicht gegossen. Die Pflanzen zeigten ein bedeutend besseres Wachstum. Allerdings eignet sich dieses Wasser nicht für das Anrühren der Präparate.
In Bezug auf die Wasserqualität sind noch etliche Fragen offen. Hier müssen in Zukunft weitere Versuche angestellt werden – auch im Hinblick auf das Tränken der Tiere oder auf unser Trinkwasser. An verschiedenen privaten oder staatlichen Instituten laufen Forschungen zu diesem Thema.

Wirbler: Wenn Wasser durch diese Gefäße gelaufen ist, hat es eine wachstumsfördernde Kraft. Die Schalen sind zur Aufbereitung von Abwasser entwickelt worden.

IM GEWÄCHSHAUS

Auf eine gute Fruchtfolge muss besonderer Wert gelegt werden (Seite 58 ff.). Im Glas- und Folienhaus wechseln die Arten nicht oft genug. So treten immer wieder die gleichen Wurzelausscheidungen auf und es kommt zu gefürchteten Pflanzenkrankheiten. Unkräuter, die einen gewissen Ausgleich schaffen könnten, werden zudem sorgfältig ausgerissen. Kornblume, Kornrade, Phacelia, Borretsch, Buchweizen und Calendula scheiden Stoffe aus, die als Heilmittel für unsere Kulturpflanzen angesehen werden können. Wir empfehlen daher, verschiedene Unkräuter zu verjauchen und zwischen die Kulturen zu spritzen oder aber die erwähnten „Helferpflanzen" einfach als Untersaaten zu dulden.

Rudolf Steiner sprach von einer Fünfgliedrigkeit der Pflanze im Verhältnis zu den fünf Organsystemen des Menschen: Wurzel – Gehirnsystem, Blatt – Lungensystem, Blüte – Nierensystem, Frucht – Blutsystem, Samen – Herzsystem. Mit Möhre und Sellerie erreichen wir das Gehirnsystem, mit Salat, Spinat und Kohlarten das Lungensystem und mit Tomate und Gurke das Blutsystem. Für die Blüten sollten wir Blütentee auf die Pflanzen spritzen. Für die Entvitalisierung des Bodens arbeiten wir mit Getreide. Am besten ist dazu der Roggen geeignet, den man samenreif werden lässt. Im Jugendwachstum gibt man ihm drei Spritzungen mit Schafgarbenblütentee. So könnte Roggen der „große Heiler" im Gewächshaus werden.

SPÄTFROSTGEFAHR

Oftmals droht unseren Pflanzungen im Mai noch einmal ein Spätfrost, der verheerende Wirkung haben kann. Empfindliche Kulturen erhalten eine Abdeckung, zum Beispiel mit einem Folientunnel oder einem Wanderkasten. Hat der Frost doch Schaden angerichtet, spritzen wir am Morgen Baldrianwasser. Wir geben einen Tropfen Baldrianblütensaft (siehe Bezugsquellen, Seite 214) auf 1 l Wasser und rühren das Ganze 15 Minuten lang. Dann spritzen wir das Wasser auf die geschädigten Pflanzen. Nach einer Stunde muss mit Gießwasser auf den Boden gut nachgewässert werden.

KARFREITAG, KARSAMSTAG

Wir konnten immer wieder feststellen – schon in Versuchen vor 25 und 30 Jahren –, dass Karfreitag und Karsamstag für Aussaaten und Umpflanzung nicht geeignet sind. Die Aussaaten keimten schlecht, die umgepflanzten Gewächse kümmerten vor sich hin und gingen sogar oft ein. Die für die Pflanzen negativen Einflüsse beginnen am frühen Karfreitag und enden am Ostersonntag vor Sonnenaufgang.

Warum das so ist? Die Vorgänge, die sich vor fast 2.000 Jahren auf Golgatha ereigneten, hinterlassen alljährlich ihre Spuren auf der Erde. Die Pflanzen nehmen dies durch ihre Sensibilität wahr.

Links: Kohlrabi, eine Blattpflanze

Rechts: Roter Mangold, eine Blattpflanze

UNKRAUT

Unkraut kann zum großen Problem werden, besonders auch in der Landwirtschaft. Doch es gibt einige Grundgesetze, die uns, wenn wir sie beachten, die Arbeit sehr erleichtern.
Bei einem Versuch ergaben sich erstaunliche Ergebnisse hinsichtlich des Unkrautwachstums. Wir teilten ein Feld in mehrere Parzellen auf. Während der folgenden vier Wochen bearbeiteten wir jeden zweiten Tag eine neue Parzelle. Eine vorher gemachte Bodenanalyse hatte ergeben, dass keine Bodenunterschiede innerhalb des Feldes vorlagen. Wir konnten feststellen, dass die Zeit für die Bearbeitung des Saatbeetes darüber entschied, welches Unkraut keimte. So keimte in der ersten Parzelle vorwiegend ein Unkraut und nicht viele verschiedene. In der zweiten Parzelle, die zwei Tage später zur Saat vorbereitet wurde, keimte vorwiegend ein ganz anderes Unkraut.
Wir kamen also zu dem Schluss, dass dafür nicht der Boden oder die Kulturpflanze verantwortlich sein konnte, sondern der Zeitpunkt und damit die kosmischen Impulse bei der Bearbeitung. Weitere Beobachtungen folgten und zeigten uns den Weg, der die optimale Unkrautbekämpfung möglich macht.
Wenn der Mond vor das Sternbild Löwe zieht, keimen alle Unkräuter sehr gut.
Daher empfehlen wir, dass eine Bodenlockerung vor der Saatbeet-Bereitung im Frühjahr während dieser Zeit stattfinden sollte. Das Unkraut keimt und wird nach zehn bis 14 Tagen eingearbeitet, danach wird die Saat eingebracht. So wirkt es sogar bodenverbessernd (siehe dazu auch Seite 35 und 36).
Steht der Mond bei der Bodenbearbeitung vor dem Sternbild Steinbock, keimt nur sehr wenig Unkraut. Daher sollte hier der letzte Bearbeitungs- und Hacktermin für Kartoffeln und Wurzelfrüchte stattfinden.
Bei Versuchen mit Unkräutern hatten wir gute Ergebnisse mit dem Spritzen einer D8-Konzentration aus Samenasche oder mit dem Ausbringen von Unkrautsamenasche. Es zeigte sich deutlich, dass nach solchen Behandlungen weniger Unkraut auf den Kulturflächen wuchs.

D8-Konzentration zur Unkrautbekämpfung

Zur Herstellung einer D8-Konzentration werden bei Mond vor Löwe viele Unkrautsamenarten auf Holz, am besten im Ofen, verbrannt. Auch ein Holzkohlengrill – wie auf der Zeichnung (Seite 72) gezeigt – kann gute Dienste leisten. Aus Backsteinen baut man einen kleinen Ofen, ein Blech dient als Abdeckung.

Herstellung einer D8-Konzentration aus verbrannten Unkrautsamen zur Bekämpfung von Unkraut

1. Bei Mond vor Löwe verbrennen wir viele verschiedene Unkrautsamen. Sie werden in eine Papiertüte gesteckt und auf Holz verbrannt.
2. Die Asche aus den verbrannten Unkrautsamen und dem Holz wird im Mörser eine Stunde verrieben (von einer Person).
3. Nun wird aus dieser dynamisierten Asche durch Verdünnung eine D8-Konzentration hergestellt (siehe Text ab Seite 71 unten).

Am besten steckt man die Samen in eine Papiertüte und legt sie in das Holzfeuer, das eine richtige Glut entwickelt haben muss. Nur bei rot glühender heißer Glut verbrennen die Samen richtig. Ein Backblech wird sofort über die Backsteine gelegt, da die Samen beim Verbrennen wie Popcorn in der Gegend herumspritzen. Sind die Samen total verbrannt und die Asche abgekühlt, wird diese in einem Mörser eine Stunde von einer Person verrieben, also dynamisiert. Bei Wurzelunkräutern muss immer auch etwas Wurzel mitverbrannt werden.

Wichtig: Die Asche muss weißgrau sein. Sind die Samen noch schwarz, sind sie noch nicht vollständig verbrannt. Bei Verwendung

Zeitpunkt der Verbrennung und Samenasche-Ausbringung zur Unkrautbekämpfung, wenn keine homöopathischen Potenzen hergestellt werden sollen

Mond vor Tierkreisternbild	Pflanze zum Verbrennen
Fische	Vogelwicke *(Vicia cracca)*
Widder	Ackersenf *(Sinapsis arvensis)*, Hederich *(Raphanus raphanistrum)*, Rote Ackertaubnessel *(Lamium purpureum)*
Stier	Geißfuß (Giersch, *Aegopodium podagraria*), Kälberkropf *(Chaerophyllum hirsutum)*, Klettenlabkraut *(Galium aparine)*
Zwillinge	Flughafer *(Avena fatua)*, Gräser *(Gramineen)*, Vogelmiere *(Stellaria media)*, Windhalm *(Apera spica-venti)*
Krebs	Hahnenfuß *(Ranunculus)* und rankende Unkräuter
Löwe	Ampfer *(Rumex)*
Jungfrau	Ackerdistel *(Cirsium arvense)*, Huflattich *(Tussilago farfara)*, Ackerschachtelhalm *(Equisetum arvense)*, Ackerwinde *(Convolvulus arvensis)*
Waage	Franzosenkraut *(Galinsoga parviflora)*, Gänsedistel
Skorpion	Schwarzer Nachtschatten *(Solanum nigrum)*
Schütze	Melde *(Atriplex)*, Quecke *(Agropyron repens)*
Steinbock	(hier keimen insgesamt nur sehr wenige Unkräuter)
Wassermann	Ackerheilerkraut *(Thlaspi arvense)*, Hirtentäschel *(Capsella bursa-pastoris)*, Knöterich *(Polygonum)*

dieser nicht vollständig verbrannten Samen zeigt sich keine Wirkung. Danach kann die D8-Konzentration hergestellt werden. Dazu wird 1 g der dynamisierten Aschemischung mit 9 ml Wasser in eine kleine Flasche gegeben. Das Ganze wird drei Minuten lang geschüttelt. Jetzt hat man eine D1-Konzentration. Dann gibt man 90 ml Wasser dazu und

Vogelmiere *(Stellaria media)*

schüttelt das Ganze wieder drei Minuten. Dann ist eine D2-Konzentration entstanden. Für die D3-Konzentration müssen 900 ml Wasser hinzugenommen werden. Für die D4-Konzentration weitere 9 l Wasser.

Nach jeder Wasserzugabe wird drei Minuten geschüttelt. Von der D3-Konzentration zur D4-Konzentration kann auch drei Minuten gerührt werden.

Da man auf diesem Weg bei einer D8-Konzentration bei 100.000 l Wasser ankommen würde, fängt man am besten nach der 4. Dezimalstufe wieder mit einer kleineren Menge an. Wir nehmen also 1 ml der D4 und 9 ml Wasser, schütteln drei Minuten und erhalten eine D5-Konzentration. Dann geben wir 90 ml Wasser dazu und schütteln drei Minuten. Zu der nun entstandenen D6 schütten wir 900 ml Wasser, schütteln wiederum drei Minuten zur D7. Zum Schluss geben wir 9 l Wasser zur D7 und schütteln oder rühren drei Minuten. Jetzt ist die D8-Konzentration entstanden.

Von der D8-Konzentration benötigt man etwa 0,5 l für 100 m^2 Bodenfläche. Man spritzt dreimal im Abstand von einigen Stunden.

Viele Praktiker verwenden auch die nicht dynamisierte und potenzierte Samenasche zur wirkungsvollen Unkrautbekämpfung. Dabei ist es wichtig, dass wir die Mondrhythmen der Einzelpflanzen berücksichtigen, wenn nur ein bestimmtes Unkraut vermindert werden soll (siehe Tabelle Seite 73). Man verbrennt in diesem Fall nur Samen dieser Art. Ansonsten nimmt man die Unkrautsamenmischung und verbrennt sie bei Mond vor Löwe und streut die Asche auf die Flächen, auf denen man das Unkraut eindämmen möchte.

Nach der Empfehlung von Rudolf Steiner macht man das, wie man Pfeffer zu den Speisen streut – und zwar dann einmal, wenn der Boden für die Aussaat bearbeitet wird.

Vorbeugung

Wir konnten immer wieder beobachten, dass nicht kompostierte tierische Körpersubstanzen, wie zum Beispiel Horn, Knochen, Borsten, Federn, Wolle, Blut oder Tierkörpermehle, das Wachstum der Unkräuter fördern. Daher ist es ganz wichtig, dass diese Materialien den Weg über den Kompost nehmen, will man sie zur Düngung oder Bodenverbesserung einsetzen.

Jauche aus Unkräutern

Stellt man Jauche aus Unkräutern her, kann diese Jauche gegen eben dieses Unkraut zur Beseitigung eingesetzt werden. Wir haben gute Erfahrungen gemacht mit Jauche aus kriechenden und rankenden Unkräutern, die sowieso nicht auf den Komposthaufen gegeben werden sollten (siehe Seite 40 f.).

Rezept

Wir nehmen die Ranken und Wurzelteile von zum Beispiel Distel, Giersch, Hahnenfuß, Huflattich, Minzearten und Quecke sowie die ganze Pflanze der Vogelmiere und geben sie in eine Tonne mit Wasser. An Blatttagen rührt man in der Tonne kurz um. Sind die Pflanzenteile ganz verwest, kann bei Mond vor Krebs mit der abgesiebten Jauche gespritzt werden. Es wird an den

Jauche aus Unkräutern selbst herstellen

1. Die Ranken und Wurzelteile der Unkräuter geben wir in eine Tonne mit Wasser. An Blatttagen rühren wir kurz um.
2. Wenn die Pflanzenteile ganz verwest sind, wird bei Mond vor Krebs mit der abgesiebten Jauche an den Stellen im Garten gespritzt, wo das Unkraut verschwinden soll. Wie und wie oft das wiederholt wird, lesen Sie im Text auf der folgenden Seite.

Stellen, an denen die Pflanzen gewachsen sind, an drei Abenden hintereinander gespritzt. Damit kann man erreichen, dass die Unkräuter dort ganz verschwinden.

Die Jauche kann auch zur Wachstumsförderung bei Kohlarten, Gurken und Tomaten eingesetzt werden – allerdings muss sie dazu vorher stark verdünnt werden (1 l auf 10 l Wasser).

Außerdem lässt sich der Kompost verbessern. Er zeigt gute Wachstumseigenschaften, wenn man Unkrautjauche zugegeben hat.

Dass man aus Unkraut auch sehr leicht einen Kompost herstellen kann, wurde schon an anderer Stelle besprochen (siehe Seite 43).

Verschiedene Unkräuter

Wir wollen nachfolgend einige wenige Unkräuter extra besprechen, da wir bei unseren Forschungen Besonderheiten feststellen konnten.

Ackerdistel

Die Ackerdistel *(Cirsium arvense)* tritt oft an Stellen auf, wo der Boden stark verdichtet ist oder wurde.

Man kann die Ackerdistel abmähen, wenn der Mond vor Schütze oder Wassermann steht. Dadurch kommt es zum starken Saftaustritt. Achtet man danach darauf, dass die Pflanze zur Zeit des aufsteigenden Mondes immer wieder abgeschnitten wird, können die Wurzeln von der Blattmasse nicht mehr ausreichend versorgt werden. Die Pflanze geht ein.

Pferdeampfer

Diese Ampferart *(Rumex autosa)* konnte sich bei uns wegen des sauren Regens stark ausbreiten. Sie lässt sich nachhaltig bekämpfen, wenn man sie mehrmals abschneidet, wenn der Mond vor Schütze oder Wassermann steht. Die Pflanze kann auch an der Vermehrung durch Samen gehindert werden. Dazu werden Samenasche oder D8-Konzentration hergestellt und verwendet, wenn Sonne und Mond vor dem Tierkreissternbild Löwe stehen.

Ackerschachtelhalm, Ackerwinde und Huflattich

Diese drei Wurzelunkräuter, Ackerschachtelhalm *(Equisetum arvense)*, Ackerwinde (Marienglas, *Convolvulus arvense*) und Huflattich *(Tussilago farfara)*, treten auf Böden auf, die im Untergrund stehendes Wasser aufweisen. Wir werden sie dort auch kaum zum Verschwinden bringen, wenn wir nicht durch eine Drainage das Wasser ablaufen lassen. Wenn sich das Wasser auf undurchlässigen Tonschichten sammelt, sollte Kompost gegeben werden. Das bewirkt, dass sich die Anzahl der Unkräuter vermindert.

Der Ackerschachtelhalm ist ein Wurzelunkraut, das wir in unseren Gartenbeeten gar nicht gerne sehen. Allerdings kann man sich seine guten Eigenschaften beim Pflanzenschutz sehr zunutze machen.

Der Huflattich *(Tussilago farfara)*

PFLANZENKRANKHEITEN DURCH PILZE

In der Natur hat der Pilz im Allgemeinen die Aufgabe, Absterbendes abzubauen. Entdecken wir zum Beispiel im Sommer auf alten Baumstümpfen Stockschwämme oder Hallimasch, dann wissen wir, dass hier ein natürlicher Abbauprozess begonnen hat. Champignons, die auf Pferde- oder Rindermiststellen wachsen, verändern die dort vorhandenen Substanzen.

Der Pilz gehört in die oberste Bodenschicht, dort kann er seinen Aufgaben nachgehen. Warum kommt es dazu, dass der Pilz seinen natürlichen Standort verlässt und auf die Pflanze emporsteigt? Warum lässt er sich auf Samen nieder, um hier Schaden anzurichten, so dass die Menschen den Samen mit einer giftigen Hülle (der Beize) umgeben? Liegen überall hier Sterbe-Tendenzen vor?

Rudolf Steiner teilt uns in seinem Buch „Landwirtschaftlicher Kurs“ mit, dass Pilze ihr natürliches Niveau, die Erdoberfläche, verlassen, wenn die Mondkräfte in der Erde

Wir konnten beobachten, dass in Zeiten, wenn Vollmond und Erdnähe des Mondes dicht zusammenfallen, die Pflanzen stärker von Pilzen befallen werden.

zu stark zu wirken beginnen. Die Mondkräfte wirken über das Wässrige, sie können zu stark werden, wenn es zu viel geregnet hat. Durch Ackerschachtelhalm-Tee *(Equisetum arvense)* kann man den Pilz wieder zum Bodenniveau zurückbringen. Man muss den Tee auf den Boden spritzen, auf dem die befallenen Pflanzen wachsen.

Seit vielen Jahren beobachten wir, dass die Mondkräfte im Boden in Jahren mit sehr hohen Niederschlägen zu stark werden. Außerdem ist mit starken Kräften des Mondes in den Jahren zu rechnen, wenn Vollmond und Erdnähe des Mondes dicht zusammenfallen. Dann kommt es zu verstärktem Pilzbefall an den Kulturpflanzen. Wir helfen uns hier vorbeugend mit Ackerschachtelhalm-Tee.

Aus unseren langjährigen Beobachtungen können wir drei Gründe benennen, die zu erhöhtem Pilzbefall an Pflanzen führen. Beachtet man die nachstehenden Ratschläge, dann sind Bekämpfungsmaßnahmen nach unseren Erfahrungen überflüssig.

1. Die Mondkräfte sind zu stark, zum Beispiel in Jahren mit sehr hohen Niederschlägen. Hacken am Vormittag hilft, da der Boden die Feuchtigkeit ausatmen kann.
2. Falsche Düngung, zum Beispiel durch unreife organische Dünger oder tierische Körpersubstanzen, die nicht kompostiert wurden. Die beste Vorbeugungsmaßnahme gegen Pilzbefall ist das Ausbringen reifer Komposte im Herbst.

Der Ackerschachtelhalm *(Equisetum arvense)* ist in der Lage, Pilze, die an der Pflanze emporgekrochen sind, zum Bodenniveau zurückzubringen.

3. Aus Saatgut, das während ungünstiger kosmischer Impulse geerntet wurde, wachsen im nächsten Jahr Pflanzen, die anfällig für Pilzbefall sind.

Der Ackerschachtelhalm

Der Ackerschachtelhalm *(Equisetum arvense)* ist in der Lage, den Pilz, der mit der Pflanze emporgewachsen ist, zum Boden-

niveau, also seinem natürlichen Wohnort, zurückzubringen. Warum kann er das?
Betrachten wir uns zunächst den Sumpfschachtelhalm. Zuerst wächst die grüne Pflanze, die später an der Spitze dunkle Hütchen trägt. Hier wachsen die Sporen, über die sich der Sumpfschachtelhalm vermehrt – auch Pilze vermehren sich auf ähnliche Art und Weise.
Der Ackerschachtelhalm schiebt im zeitigen Frühjahr einen kleinen Stängel mit bräunlichen Hütchen ans Tageslicht. Von hier aus gelangen die Sporen in die Welt, um die Pflanze zu vermehren. Erst später im Jahr wächst die grüne Pflanze ohne Hütchen, aber mit einem hohen Kieselanteil. Sie hat die Pilzstufe überwunden. Daher ist der Ackerschachtelhalm in der Lage, den Pilz zu seinem Niveau zurückzubringen.

Rezept zur Bekämpfung von Pilzerkrankungen

Wir geben 10 g getrockneten Ackerschachtelhalm in 2 l kaltes Wasser und bringen das Ganze zum Kochen. Es muss insgesamt 20 Minuten kochen, danach lässt man den Tee abkühlen. Nun gibt man 8 l Wasser zu und rührt zehn Minuten gut um. Der abgesiebte

Bekämpfung von Pilzerkrankungen

Wir stellen nach der obenstehenden Anweisung einen Tee aus Ackerschachtelhalm her. Der Tee wird zehn Minuten gut umgerührt. Wir sieben den Tee ab und spritzen ihn abends unter die befallenen Pflanzen.

Tee wird abends unter die befallenen Pflanzen (oder auch vorbeugend) auf den Boden gespritzt (10 l auf 100 m^2). Zeigen Bäume Pilzbefall, müssen auch Stamm und dicke Äste bespritzt werden.
In hartnäckigen Fällen kann die Behandlung an drei aufeinanderfolgenden Abenden wiederholt werden.

Die Krankheit Kohlhernie (an den Wurzeln) gehört zu den gefürchtetsten Krankheiten an unseren Kohlgewächsen.

Pilzkrankheiten an verschiedenen Pflanzen

Im Folgenden wollen wir einige Beobachtungen und Ratschläge geben, wenn spezielle Gemüse- oder Obstpflanzen von Pilzen befallen werden.

Kartoffeln

Kartoffeln dürfen nicht an Blatttagen gehackt und gehäufelt werden. Dasselbe gilt für Tage, an denen der Mond in Erdnähe ist. Nach diesen Behandlungen tritt oft die gefürchtete Pilzkrankheit Kraut- und Knollenfäule auf.

Kohl

Die gefürchtetste Pilzerkrankung bei den Kohlgewächsen ist die Kohlhernie, die durch den Pilz *Plasmodiosphora brassicae* hervorgerufen wird. Das oberste Gebot ist, dass eine weitgestellte Fruchtfolge (alle fünf Jahre) eingehalten wird (siehe Seite 61). Auch andere Kreuzblütler wie Raps, Hirtentäschel oder die Gründüngungspflanze Senf erkranken. Das muss bei der Fruchtfolge bedacht werden. Achten Sie auch darauf, dass der Kalkgehalt des Bodens stimmt. Ist der pH-Wert zu niedrig, wird die Ausbreitung der Krankheit begünstigt.

Erdbeere

Die Gartenerdbeere braucht unsere besondere Aufmerksamkeit. Sie wächst in der Nähe des Pilzniveaus, dicht über der Erdoberfläche. Außerdem muss die Pflanze mit meist hohen Düngergaben zurechtkommen, die eine starke wässrige Tendenz in der Pflanze auslösen, die von Natur aus aber Gestein und Wärme liebt (die Wilderdbeere wächst – vollkommen gesund – auf

Erdbeeren bedürfen unserer besonderen Aufmerksamkeit.

Steinhalden). Hohe Düngergaben begünstigen den Pilzbefall. Was können wir also für unseren Gartenliebling tun?
Zunächst darf nur reifer Kompost gegeben werden. Außerdem sollte nur an Fruchttagen gepflanzt und gehackt werden. Größte Bedeutung hat auch der Erntezeitpunkt. Hier empfehlen wir Blüten- oder Fruchttage. Gepflückt wird erst, wenn die Pflanzen nicht mehr vom Tau nass sind. Lesen Sie auch die Hinweise auf Seite 114 ff.

Obstbäume

Bei der Auswahl, Pflanzung und Pflege von Obstbäumen muss man sich nur einmal vor Augen führen, was unsere Großeltern taten, um einige gute Ratschläge für die richtige Behandlung zu erhalten.
Heute werden überall nur noch die niedrigstämmigen Obstbäume angeboten und angepriesen. Die Baumkrone wurde bis weit nach unten an die Erdoberfläche herabgeholt, also in die Nähe der Pilzzone. Hochstämme oder höherstämmige Bäume sind aber oft gesünder als die niedrigen.
Früher wurde der Stamm gut gepflegt. So kann im „Technologischen Jugendfreund von 1820“ nachgelesen werden, dass man einen dünnen Brei herstellte, der aus Rindermist, Lehm, Holzasche und Rinderhaar bestand und mit Molke angerührt wurde. Damit bestrich man die Stämme der Obstbäume. (Rinderhaar fiel übrigens beim täglichen zweimaligen Bürsten der Rinder an. Damals war es undenkbar, die Kühe mit so viel eigenem Mist herumlaufen zu lassen, wie es heute üblich ist.)
Heutzutage gibt man überall im Bereich der Kronentraufe (Bereich unter den Astspitzen der Bäume) oder sogar auf die Baumscheibe nicht kompostierte Dünger, an denen Pilze zum Abbau noch tätig werden müssen. Dadurch kann der Pilz seinem

Niveau, der Bodenoberfläche, entwachsen und Holz, Blätter und Früchte befallen.
Die Jungpflanzen sollen unter günstigen kosmischen Impulsen herangezogen und gepflegt werden.
Wenn die vorher beschriebenen Mittel zur vorbeugenden Pilzbekämpfung nicht ausreichen, gibt es noch die Möglichkeit, eine Jauche aus den befallenen Blättern herzustellen und zu spritzen.

Apfelzweig mit Pilzbefall. Wir spritzen mit Ackerschachtelhalm-Tee, der 20 Minuten gekocht ist, gegen Abend an Blütentagen. Am nächstfolgenden Blatttag folgt, wieder gegen Abend, eine Spritzung mit Brennnesseltee. So kann die Pflanze in der Nacht bei der „anderen Atmung“ und beim Saftaufstieg den Rückgang selbst mit regulieren.

Rezept zur Bekämpfung von Pilzbefall an Obstbäumen

Einige pilzbefallene Blätter (eine Handvoll auf einen 10-Liter-Eimer Wasser) werden gepflückt und in ein Tongefäß mit Wasser gesteckt. Hier müssen die Blätter völlig verwesen. Dann wird abgeseiht. Wenn der Mond vor Krebs steht, wird das Ganze mit feiner Düse (Spritze) auf die Stämme und in die Krone gespritzt. Auch der Boden unter den Bäumen ist zu behandeln. Man wiederholt die ganze Prozedur noch zweimal nach je vier Wochen.
Bei Schorf und Monilia gibt es noch eine weitere empfehlenswerte Möglichkeit, die Obstbäume davon zu befreien. Befallene Früchte (eine Handvoll), die unter dem Baum liegen und aus denen die Samen entfernt wurden (wichtig!), werden auf Holzfeuer verbrannt, wenn der Mond vor Skorpion steht. Aus der Asche wird eine D8-Konzentration hergestellt. Die genaue Anleitung dafür finden Sie auf der Seite 91 f. Damit spritzten wir an drei aufeinanderfolgenden Tagen den Stamm, die Krone und den Boden. Das Ganze wiederholt man nach vier Wochen.

TIERISCHE SCHÄDLINGE

Wir bezeichnen Tiere, die uns zum Beispiel unsere Gemüse- und Obsternte streitig machen, als Schädlinge. Es sei vorausgeschickt, dass das unsere ganz subjektive Ansicht ist. Mäuse zählen beispielsweise zu den Schädlingen, da sie das Getreide genauso gerne essen wie wir. Die Katze jedoch sieht die Maus ganz anders. Sie „liebt" das kleine Tier so sehr, dass sie es nach ausgiebigem Spiel schließlich sogar auffrisst.

Blattläuse zum Beispiel sehen wir mit großem Unbehagen an unseren Kulturpflanzen, während Ameisen sich diese Tiere wie Milchkühe halten, sie hegen, pflegen und gegen Feinde verteidigen, um sich an den süßen Aussonderungen zu laben.

Oft hilft es bei Insektenbefall, Brennnesseltee oder stark verdünnte Brennnesseljauche (siehe Seite 45 ff.) abends unter die befallenen Pflanzen zu gießen. Die Brennnessel bringt die Säfte wieder normal zum Strömen, dadurch verschwinden die Schädlinge. Wir konnten beobachten, dass ein warmer Regen die gleiche Wirkung hat. Neben den kosmischen Rhythmen ist natürlich auch das Nahrungsangebot für die Vermehrung der Tiere ausschlaggebend. Bussarde zum Beispiel legen in Jahren, wenn im Sommer eine Mäuseplage herrscht, mehr Eier als in anderen Jahren. Wildschweine bekommen in Jahren, wenn die Eichenbäume eine große Anzahl an Eicheln entwickeln, mehr Nachwuchs.

Auf der anderen Seite können wir in der Natur beobachten, dass sich die Tiere nach einer zu starken und dadurch artbedrohenden Vermehrung selbst töten. Die Lemminge etwa ziehen in manchen Jahren zu Tausenden zum Meer, um sich dort zu ertränken.

Die Hausmaus ist für uns ein Schädling. Nicht so für die Katze. Sie hat das kleine Tier zum Fressen gern.

Wenn man über die Frage der Schädlingsbekämpfung nachdenkt, sollte man immer daran denken, dass erst eine große Anzahl an Tieren sie zu Schädlingen werden lässt. In einem optimal betreuten Garten wird diese Übervermehrung kaum passieren. Daher ist das oberste Gebot: Kommt es dazu, dass sich Tiere zu stark vermehren, müssen die Fehler gesucht werden, die das verursacht haben. Man sollte sich mit den Lebensgewohnheiten der Tiere vertraut machen. Hier kann man oft schon regulierend eingreifen, so dass es zu keinen gravierenden Pflanzenschädigungen mehr kommt. In der folgenden Aufzählung der Pflanzenarten haben wir diese Aspekte berücksichtigt.

Schädlinge an Kohl und Möhre

Bei den Kohlpflanzen haben wir vorwiegend mit drei Schädlingen zu kämpfen, dem Kohlweißling, dem Kohlgallenrüssler und der Kohlfliege. Bei der Möhre ist es besonders die Möhrenfliege.

Kohlweißling

Kohlweißlinge kennt jeder Gärtner. Die hübschen Falter sehen wir im Sommer im Garten herumflattern. Wir verwenden Wermuttee oder einen 24-Stunden-Auszug von Brennnessel, wenn sie zu Schädlingen werden.

Kohlweißlingsraupen können großen Schaden an unseren Kohlpflanzen anrichten.

Pflanzt man einige Tomaten zwischen den Kohl, verzieht sich der Kohlweißling. Oder man legt die herausgebrochenen Geiztriebe der Tomaten zwischen die Kohlpflanzen. Von der Brennnessel stellen wir einen 24-Stunden-Auszug her, wie es auf Seite 45 f. beschrieben wird. Der abgeseihte Auszug wird am gleichen Tag unverdünnt innerhalb weniger Stunden dreimal fein verdüst auf die Pflanzen gespritzt.

Kohlgallenrüssler

Den Kohlgallenrüssler kann man ganz einfach vertreiben. Im Mai sucht er solche Kohlsaatbeete zur Eiablage auf, auf denen die einzelnen Pflanzen nicht genügend Standraum haben. Andere Beete meidet er. Zusätzlich kann man in den Mai-Tagen, wenn Sonne und Mond vor Stier stehen, die

vorhandenen Saatbeete mit einem Gemüsefliegennetz aus dem Gartenfachhandel abdecken, dann besucht der Kohlgallenrüssler den Nachbarn.

Kohlfliege

Die Kohlfliege taucht im April und Mai in unseren Gärten auf, wenn Sonne und Mond vor Widder stehen, und sucht nach geeigneten Eiablageplätzen. Die schlüpfenden Maden fressen die Rinde des Wurzelhalses und die Wurzeln ab.
Die jungen Frühkohlpflanzen dürfen nicht tiefer in die Erde gesetzt werden, als sie vorher im Saatbeet gestanden haben. Auch darf keine Erde um die Pflanze angehäufelt werden. Beides begünstigt den Befall mit Kohlfliege.
Bei einem Befall gießt man einen Teelöffel erkalteten Wermuttee (wie er in der Küche zubereitet wird) unverdünnt direkt an den Wurzelhals – und zwar dreimal im Abstand von einigen Stunden.

Möhrenfliege

Wenn wir die Möhre nach ihren Bedürfnissen anbauen und pflegen, kann man fast sicher sein, dass die Möhrenfliege die Pflan-

Oben: Kohlgallenrüssler-Larve in Galle am Kohlstängel

Unten: Aus Wermut kann man einen Tee herstellen, der, direkt an den Wurzelhals gegossen, gegen die Made der Kohlfliege hilft.

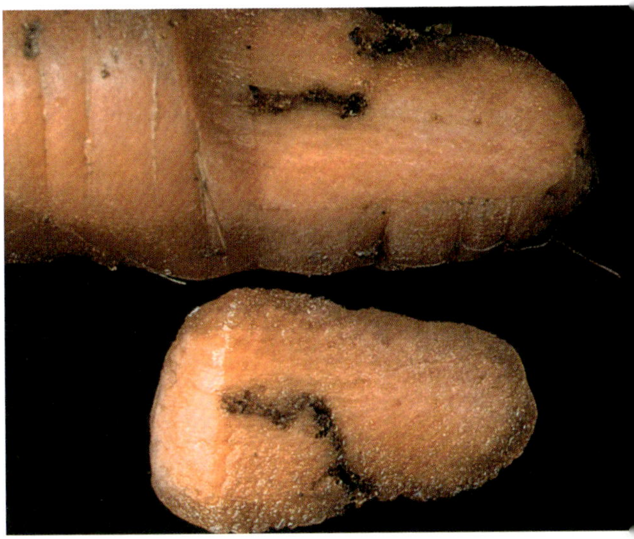

Oben: Wir müssen die Möhrenfliege nicht fürchten, wenn wir Möhren ihren Bedürfnissen entsprechend anbauen.

Unten: Wenn der Wurzelhals der Möhre nicht mit Erde bedeckt ist, dann verfärbt er sich grün. Die Möhre wird bitter, was besonders die Erdeule ideal für ihre Kinderstube findet.

zen verschont. Möhren lieben gut ausgereifte Böden, die zwei Jahre nicht gedüngt wurden. Hier kann die Pflanze das Eiweiß zum Ausreifen bringen und hohe Zuckergehalte bilden. Durch späte Düngergaben verschlechtert sich der Möhrengeschmack zwar für unser Empfinden, nicht aber für das der Möhrenfliege. Im Gegenteil: Sie findet die Möhren nun genau richtig für ihre Kinderstube. Daher sucht sie diese Möhrenbestände aus, um an den Wurzeln die Eier abzulegen. Noch lieber mag sie Böden, denen Torf beigegeben wurde, da es ihr dann besonders leichtfällt, zur Eiablage zu den Wurzeln zu gelangen.

Die Erdeule

Die Erdeule zu vertreiben, ist kein Problem. Sie liebt Möhren, deren Wurzelhals offen liegt. Er verfärbt sich grün, die Blattaromen werden aufgenommen. Uns schmecken diese „grünen" Möhren bitter, doch die Raupe der Erdeule scheint das zu lieben. Wenn wir dafür sorgen, dass der Wurzelhals immer mit Erde bedeckt ist, wird der Schaden viel geringer sein.

Die Schnecke

Die Schnecke ist an manchen Orten zur regelrechten Plage geworden. Gar mancher liegt schon früh morgens mit Messern bewaffnet auf der Lauer, um den verhassten Nahrungskonkurrenten zu töten. Manche fangen die Tiere auch, um sie mit brühendem Wasser zu übergießen. Das sind Methoden, zu denen man in großem Ärger greift, die aber nicht zu tolerieren sind. Sie sind überdies nicht einmal sinnvoll, denn sie ziehen die Schnecken aus der Umgebung an, da diese mithelfen wollen, die Friedhofsatmosphäre zu beseitigen. Und es dauert oft viele Jahre, um die alte Harmonie mit nur wenigen Schnecken wiederherzustellen.

Wir sollten uns mit den Lebensgewohnheiten der Schnecken beschäftigen, dann werden wir viele Möglichkeiten zu ihrer Regulierung finden. Zumal niemand daran interessiert sein sollte, die Schnecken völlig zu vertreiben. Sie erfüllen wichtige Aufgaben im Naturhaushalt. Und nicht zuletzt wissen die meisten Landbesitzer, wie außerordentlich fruchtbar Schneckenschleim ist. Doch betrachten wir einmal, wo und weshalb Schnecken verstärkt auftreten. Zum Beispiel lieben es Schnecken, wenn zu „Unzeiten" künstlich bewässert wird. Für ihre Entwicklung ist eine Bodenbedeckung sehr nützlich. Unter feuchtem Mulch finden sie ideale Fortpflanzungsbedingungen und nehmen diese auch in verstärktem Maße wahr. Außerdem konnten wir feststellen,

Oben: Schnecken sind Zwitter. Hier begatten sich zwei Tiere gegenseitig und tauschen den Samen aus.

Unten: Nacktschnecke bei der Eiablage.

dass zu viel Algenkalk und nicht vorkompostierte Tierkörpersubstanzen (Wolle, Knochen usw.) zu einer starken Schneckenvermehrung beitragen.
Daher ist dringend anzuraten, nur reife, vererdete Komposte auf den Beeten zu benutzen. Außerdem muss man Licht und Luft an und in die Böden lassen. Mulch sollte man nur in Trockenzeiten verwenden. Er muss sofort entfernt werden, wenn es wieder ausreichend geregnet hat. Wir bewässern, wie schon erwähnt, nur einmal bei der Umpflanzung. Ansonsten überlassen wir es dem Himmel, für das nötige Wasser zu sorgen. Nur in Trockenzeiten versuchen wir, die Pflanzen mit geeigneten Mitteln zu unterstützen (siehe Seite 66 ff.). Da die Schnecken für Igel, Kröten, Blindschleichen, Salamander, Hühner, Enten und andere Vogelarten Leckerbissen sind, sollte versucht werden, diese Tiere im eigenen Garten anzusiedeln. Wir haben festgestellt, dass es zu einer starken Vermehrung der Schnecken kommt, wenn der Planet Mars vor Sternbilder zieht, deren Kräfte durch das Element Wasser (Fische, Krebs, Skorpion) vermittelt werden.

Schneckenjauche

Helfen alle genannten Maßnahmen nicht aus, kann man Schneckenjauche verwenden. Wir sammeln 50 bis 60 Schnecken und geben sie bei Mond vor Krebs in einen mit einem Deckel verschließbaren Eimer, den wir anschließend mit Wasser auffüllen. Nun

Igel unterstützen uns sehr bei der Schneckenbekämpfung. Schnecken sind ihr Leibgericht.

warten wir, bis der Mond wieder vor Krebs steht. Dann sind die Schnecken verwest. Nun spritzen wir die fein abgeseihte Jauche,

Schneckentipps

Bei einer Schneckenplage kann man an einem Blütentag im April frühmorgens Kieselpräparat rühren und den gesamten Boden damit spritzen. Schnecken mögen Licht und Sonne nicht. Auch Quarzsand aus Baugeschäften, ganz fein um die gefährdeten Pflanzen gestreut, hilft.

Schneckenjauche selbst herstellen

fein verdüst, auf den Gartenboden. Zu den angrenzenden Grasflächen hin ist besonders dicht zu spritzen. Danach kann wieder neue Schneckenjauche angesetzt werden, die dann gleich wieder auf derselben Fläche eingesetzt wird. Die Behandlung wird insgesamt dreimal im Abstand von vier Wochen wiederholt.

Diese Art der Bekämpfung ist wesentlich humaner, als Schnecken mit Salz zu überstreuen, sie zu kochen oder durchzuschneiden, weil nur diese 50 bis 60 Schnecken vernichtet werden.

Oben: Man gibt bei Mond vor Krebs 50 bis 60 Schnecken in einen mit Deckel fest verschließbaren Eimer mit Wasser. Den Eimer füllen wir bis zum oberen Rand mit Wasser auf. Dann wird mit dem Deckel fest verschlossen, so dass kein Luftraum im Eimer bleibt.
Unten: Wenn der Mond vor Krebs zieht, spritzen wir die Jauche – fein verdüst – auf die Beete.

Methoden der Schadensregulierung

Wenn trotz aller vorher beschriebener Maßnahmen doch noch Schädlingsprobleme auftreten, gibt es eine weitere Möglichkeit, darauf einzuwirken. Wir müssen uns dazu allerdings zwischen die Tiere und ihr übergeordnetes Übersinnliches stellen. Durch das Verbrennen einer geringen Anzahl von Schädlingen und das Ausbringen der Asche bei der richtigen Sternenkonstellation, wenden wir uns an diese „unsichtbare Hand" mit der Bitte, die Vermehrung der Tiere auf ein erträgliches Maß zu reduzieren. Wir können uns diesen Vorgang so vorstellen wie bei den Lemmingen, die sich, von unsichtbarer Hand geführt, wegen ihrer zu starken Vermehrung selbst töten.

Sehr wichtig ist, dass wir diese Veraschungen nicht im Zorn verrichten, denn dann ist die Arbeit umsonst. Wir müssen versuchen, uns in die großen Gesetze des Daseins hineinzustellen, dann wird die Natur unserer Bitte entsprechen.

Im Folgenden wollen wir die homöopathische Methode vorstellen, die sich in der Praxis bewährt hat. Unsere Anleitung muss allerdings genau befolgt werden.

Anleitung

Zuerst müssen 50 bis 60 Schädlinge besorgt werden. Am besten steckt man sie in einen Eierkarton. Dieser wird dann auf Holzfeuer verbrannt. Das Verbrennen und Ausspritzen muss bei der richtigen Konstellation geschehen (siehe Tabelle S. 94). Die Asche des Holzes und der Schädlinge wird nun in einem Mörser eine Stunde lang verrieben (von einer Person), also dynamisiert. Danach muss aus der dynamisierten Asche eine D8-Konzentration hergestellt werden. Wir nehmen 1 g der Aschemischung, geben sie mit 9 ml Wasser in eine verschließbare Flasche und schütteln das Ganze drei Minuten. Danach haben wir eine D1-Konzentration hergestellt. Nun müssen wir 90 ml Wasser dazugeben und drei Minuten schütteln, danach ist eine D2-Konzentration entstanden. Für die D3-Konzentration sind weitere 900 ml Wasser nötig. Und so verfahren wir weiter, bis die D8 fertiggestellt ist. Ab der 4. Dezimalpotenz beginnen wir wieder mit einer kleinen Menge, da wir sonst 100.000 Liter zur D8 zu schütteln oder rühren hätten. (Siehe dazu auch Seite 71 ff., dort wird der gesamte Herstellungsweg beschrieben.)

Eine gute Wirkung hat sich gezeigt, wenn wir an drei aufeinanderfolgenden Abenden, fein verdüst, gespritzt haben (bei Pflanzenschädlingen auf die Pflanze und bei Bodenschädlingen auf den Boden spritzen). Dadurch konnte bei verschiedenen Schädlingen ein deutlicher Rückgang ihrer Vermehrung festgestellt werden.

Man kann– wenn nötig – auch nach etwa vier Wochen bei gleichem Mondstand (siehe Tabelle S. 94) von der D4-Konzentration der ersten Herstellung nehmen (sie ist etwa zwei Jahre haltbar), sie – wie oben beschrie-

Herstellung einer D8-Konzentration aus verbrannten Schädlingen zur Bekämpfung von Schädlingen

1. Man steckt 50 bis 60 Schädlinge der Art, die bekämpft werden soll, in einem Eierkarton. Dann verbrennt man sie auf Holzfeuer.
2. Die Asche aus den verbrannten Schädlingen und dem Holz wird im Mörser eine Stunde verrieben (von einer Person).
3. Nun wird aus dieser dynamisierten Asche durch Verdünnung eine D8-Konzentration hergestellt.

ben – zur D8-Konzentration führen und dreimal hintereinander, fein verdüst, spritzen.

Um die Übervermehrung der Schnecken zu mindern, müssen drei Spritzungen an drei aufeinanderfolgenden Abenden überall im Garten auf den Boden ausgeführt werden.

Bei Mäusen, Ratten und anderem „Knabbergetier", auch bei Vögeln, finden Sie die Verbrennungszeiten jährlich in unserer Schrift „Aussaattage". In diesem Fall werden Felle oder Gefieder einzelner Tiere verbrannt.

Zum Schluss möchten wir noch einmal deutlich betonen, dass zum Verbrennen nur die Tiere geeignet sind, die in Hof und Garten auch wirklich Schaden anrichten. Die bei wissenschaftlichen Versuchen extra im Labor gezüchteten Tiere bringen nicht die gleichen Ergebnisse wie uns von erfahrenen Wissenschaftlern mitgeteilt wurde.

Blattläuse gehören zu den bekanntesten Schädlingen an unseren Pflanzen.

Kartoffelkäfer

Wann Schädlinge verbrannt und wann Schädlingsasche oder die D8-Konzentration hergestellt und gespritzt werden sollten

Schädlinge	Zeitpunkt
Tagfalter wie Kohlweißling, Fliegen- und Mückenarten, Weiße Fliege	Sonne und Mond vor Zwilling, auch Venus und Mond vor Zwillinge
Nachtfalter	Sonne und Mond vor Fische
Mottenarten	Sonne und Mond vor Widder
Kartoffelkäfer, Varroamilbe (Bienenschädling), Kohlgallenrüssler, alle schädlichen Käfer	Sonne und Mond vor Stier
Erdeule, Werre (Erdgrille)	Sonne vor Stier und Mond vor Skorpion
Schildläuse	Mond vor Steinbock
Schnecken	Mond vor Krebs, auch Mond und Mars vor Krebs
Läuse	Mond vor Fische
Blütenstecher	Mond und Venus vor Widder
Milben, Spinnmilbe, Rote Spinne	Mond vor Wassermann

Tipp

Der Saatschnellkäfer, dessen Larve der Drahtwurm ist, legt seine Eier dort ab, wo jahrelang Zellulose zersetzt wird. Das sind zum Beispiel Sägemehlhaufen, Rindenkompost oder ein Komposthaufen mit gehäckselten Zweigen. Nach dreijähriger Rotte sind diese Materialien und Haufen für den Schädling uninteressant. Bitte bei der Vorsorge bedenken. Entdecken Sie die Spuren des Drahtwurms an den Blättern Ihrer Salat- oder Getreidepflanzen (Drahtwurm befallene Pflanzen haben gegen Mittag welke Blätter), sammeln Sie die gelben Larven (da der Käfer nur schwierig zu finden ist). Lassen Sie sie in Wasser verwesen (so viel man bekommen kann, mindestens 20 Exemplare in 5 l Wasser) und spritzen Sie die befallenen Beete oder Flächen mit der Jauche bei Mond und Sonne vor dem Krebs.

WURZELPFLANZEN

Zu den Wurzelpflanzen zählen alle die Pflanzen, die im Wurzelbereich ihre Frucht entwickeln.
Sie werden in der Regel an Wurzeltagen gesät, gehackt, gepflegt, geerntet und konserviert.
Ausnahmen von diesen Regeln finden Sie in den nachfolgenden Beschreibungen der Einzelpflanzen.

Auch Kartoffeln sind bei den Wurzelpflanzen einzuordnen, obwohl sie keine echten Wurzelfrüchte sind, aber sie reagieren ein-

Wurzelpflanzen

Kartoffeln, Knoblauch, Möhre, Pastinake, Radieschen, Rettich, Rote Bete, Schwarzwurzel, Sellerie, Steckrübe, Wurzelpetersilie, Zwiebel

Für Wurzelpflanzen sind für Aussaat, Umpflanzung, Hack- und Pflegearbeiten sowie Ernte und Konservierung in der Regel Wurzeltage zu wählen. Ausnahmen sind im Buch gesondert beschrieben.

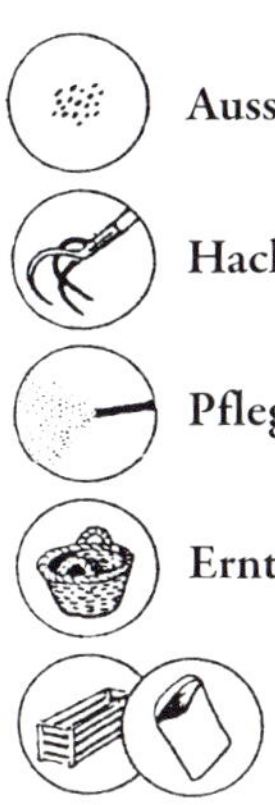

Aussaat

Hacken

Pflege

Ernte

Aufbewahrung

Wurzeltage

Anbau von Wurzelpflanzen am Beispiel der Möhre

Oben: Möhren, die an Wurzeltagen gesät und gepflegt werden, gedeihen optimal im Hinblick auf Form, Ertrag, Geschmack und Qualität.

Unten: Möhren, die an Blatttagen gesät werden, neigen zur Wurzelverzweigung. Bei der Verarbeitung sind sie der Schrecken der Hausfrau.

deutig positiv in Wachstum und Ertrag auf Wurzeltage. Außerdem reagieren Zwiebel und Knoblauch, die eigentlich zu den Blattpflanzen gehören, positiv auf Wurzeltage. Im Folgenden geben wir Tipps für die besondere Behandlung von einzelnen Pflanzenarten.

Möhre

Dieses Gemüse darf nicht zu früh geerntet werden, da die Möhren dann noch unreifes Eiweiß enthalten und gute Zucker erst relativ spät gebildet werden. Wir konnten deutliche Qualitätsverbesserungen feststellen, wenn drei bis vier Wochen vor der Ernte bei Mond vor den Tierkreissternbildern Widder und Waage mit dem Hornkieselpräparat am Nachmittag gespritzt wurde.
An Blatttagen geerntete Möhren faulen im Lager sehr leicht, daher ist dieser Zeitpunkt für die Ernte in jedem Fall zu vermeiden.

Rote Bete

Für dieses Gemüse gilt das, was bei der Möhre (siehe Text oben) bereits gesagt wurde.
Rote Bete können neben den Wurzeltagen auch an Blatttagen gesät werden. Wir konnten keine negativen Auswirkungen auf den Ertrag beobachten. An Blatttagen gesät, ha-

ben die Pflanzen wegen einer raschen Jugendentwicklung einen gewissen Vorteil gegenüber dem Unkraut, da sie diesem davonwachsen können. Allerdings sind für das Hacken, die Anwendung des Kieselpräparates und die Ernte Wurzeltage zu wählen. An Wurzeltagen gehackte Pflanzen zeigten einen deutlich höheren Nitratwert im Blatt; da die Blätter aber kompostiert werden, ist das in diesem Fall sogar positiv zu bewerten. Will man einen hohen Trockensubstanzanteil in der Roten Bete haben, sind Blatttage für die Pflanzen zu meiden. Soll Saft aus dem Gemüse hergestellt werden, dann empfehlen wir, die Aussaat an Wurzeltagen und die Pflege an Blatttagen durchzuführen.

Radieschen

Radieschen, die zur Saatgutgewinnung angepflanzt werden, sollten bei Mondstand vor dem Tierkreissternbild Widder gesät werden. Das wirkt sich positiv auf die Qualität des Samens und damit der nächstjährigen Frucht aus.

Sellerie

Sellerie sät man (im März), während die Sonne vor den Fischen ist und außerdem an Wurzeltagen.
Wenn die Sonne noch vor dem Wassermann steht, sollte keine Aussaat vorgenommen werden, da die hier gesäten Pflanzen später eher zum Schossen neigen.

Radieschen: Manche Planetenkonstellationen überdecken die Mond-Tierkreis-Impulse und machen eigene Prägungen. Durch stündliche Aussaaten konnten wir die zeitlichen Abgrenzungen herausarbeiten.

Die beste Aussaatzeit für Sellerie ist, während die Sonne vor der Region Fische steht und dann an Wurzeltagen.

Zwiebel

Zwiebeln, die an Blatttagen gesät und gehackt wurden, bringen etwa die gleichen Erträge, wie die von Aussaat und Hackarbeiten an Wurzeltagen. Die anschließenden Lagerversuche, in die wir auch die Blütentage mit einbezogen, zeigten jedoch große Unterschiede. Die Früchte von den Blatttagen faulen schon im Vorwinter. Die von Blüten- und Fruchttagen beginnen etwa um Weihnachten zu schossen. Nur die Zwiebeln von Wurzeltagen, die während der Pflanzzeit geerntet wurden, halten sich lange, sogar bis zum August des nächsten Jahres. Sie treiben erst Blätter, wenn die Sonne vor der Region Löwe steht.
Zusätzlich fördert die Lagerung in Heu oder Stroh die Haltbarkeit der Zwiebeln. Zwiebeln sollten besser mit Pflanzenkompost als mit Mistkompost gedüngt werden. Wir konnten feststellen, dass die Pflanzen gesünder bleiben. Mistkompost zieht die Zwiebelfliege an, das bringt Madenbefall.

Knoblauch

Wurzeltage sind für das Stecken der Zehen deutlich zu bevorzugen. Der Herbst-Anbau ist besser geeignet als der Anbau im Frühjahr. Es sind dazu die Oktobertage geeignet, wenn die Sonne vor der Jungfrau steht.
Alle Pflegearbeiten sollten möglichst an Wurzeltagen durchgeführt werden, das bringt die besten Erträge und die längste Haltbarkeit.

Vorjahrszwiebeln von Blüte- (links), Wurzel- (Mitte) und Fruchttagen (rechts) – im Juni aufgenommen. Man sieht deutlich die positive Wirkung der Wurzeltage.

Anbau-, Ernte- und Lagervergleiche von Kartoffeln. Der positive Effekt von Wurzeltagen (Kartoffeln links) auf die Lagerfähigkeit ist klar zu sehen.

Kartoffeln

Kartoffeln lieben Böden, die im Oktober mit ganz vererdetem Stallmistkompost gedüngt wurden, dann in Winterfurche lagen und danach bei der Bodenbearbeitung (Pflügen) mit dem Fladenpräparat gespritzt wurden. Gepflanzt wird an Wurzeltagen. Zur Pflanzung wird dreimal das Hornmistpräparat gespritzt. Um Phytophtera (Kraut- und Knollenfäule) vorzubeugen, spritzt man einmal an Blatttagen gegen Abend Brennnesseltee, wenn sich das zweite Blatt an der Pflanze entwickelt. Auf dem darauffolgenden ersten Wurzeltag kommt frühmorgens eine Hornkieselpräparat-Spritzung, der zwei weitere an den beiden nächsten Wurzeltaggruppen folgen. Am jeweils zweiten Wurzeltag sollte man Tees aus den biologisch-dynamischen Präparatenpflanzen spritzen. Diese Behandlung stabilisiert das Blatt. Wir hacken an Wurzeltagen, das bringt die besten Ergebnisse.

Tees für Kartoffeln

Am besten Brennnesseltee an Blatttagen abends und Kamillentee an Wurzeltagen frühmorgens.

Kommt es zu übermäßigem Krautwuchs, darf der nicht abgemäht werden. Wir spritzen hier besser mit dem Kieselpräparat einmal nachmittags an Fruchttagen. Kartoffeln sind reif und werden auch erst geerntet, wenn das Kraut abgestorben ist!
Für die Ernte sind Wurzeltage während der Pflanzzeit zu wählen, diese Knollen schrumpfen dann nicht. Blatttage während der Pflanzzeit zur Ernte müssen vermieden werden, da die Früchte dann im Lager leicht faulen.

TIPP

Kartoffelkraut, in dem sich noch Samenfrüchte befinden, darf nicht verbrannt werden. Das Kraut wird verkompostiert. Denn wir wissen durch Rudolf Steiner: Wenn man Unkrautsamen verbrennt und die Aschen auf die Felder bringt, geht die Regenerationsfähigkeit dieser Unkräuter zurück.

Von Kartoffeln können wir auch nur die mittleren Augen von den Knollen ausschneiden und zur Pflanzgutgewinnung einsetzen.

Kartoffeln, die für die Pflanzgutgewinnung angebaut werden, pflanzt man bei Mond vor Widder. Nach der Ernte überpudert man sie im Lager mit etwas Holzasche, das ist der Gesundheit sehr zuträglich.
Zur Pflanzgutgewinnung kann man auch von der Kartoffel nur die mittleren Augen von der Knolle ausschneiden und an Tagen pflanzen, an denen Sonne und Mond vor Widder stehen. Die Augen werden ausgeschnitten (wie beim Kartoffelschälen, siehe Zeichnung) und mit 10 cm Abstand gepflanzt. Größer dürfen die Abstände nicht sein, da sich die Knollen dann als Pflanzgut nicht eignen, weil sie zu groß werden.

BLATTPFLANZEN

Zu den Blattpflanzen zählen alle Pflanzen, die im Bereich des Blattes ihre Fruchtung haben. Brokkoli zeigte in vielen Versuchen, dass die Blütentage für ihn die optimale Konstellation sind (siehe Seite 110).

Blattpflanzen werden in der Regel an Blatttagen gesät, gepflanzt, gehackt und gepflegt. Es ist wichtig zu wissen, dass sich Blatttage überhaupt nicht zum Ernten von Lager-

Blattpflanzen

Blattpetersilie und andere Blattkräuter, die keine ätherischen Öle enthalten, Chicorée, die meisten Kohlarten, Kohlrabi, Blumenkohl (nicht aber Brokkoli), Mangold, alle Salate – auch Endivien und Feldsalat – Spargel, Spinat, Rasen

Blattpflanzen werden in der Regel an Blatttagen gesät, gepflanzt, gehackt und gepflegt. Die Ernte von Lagerfrüchten findet an Blütentagen statt.

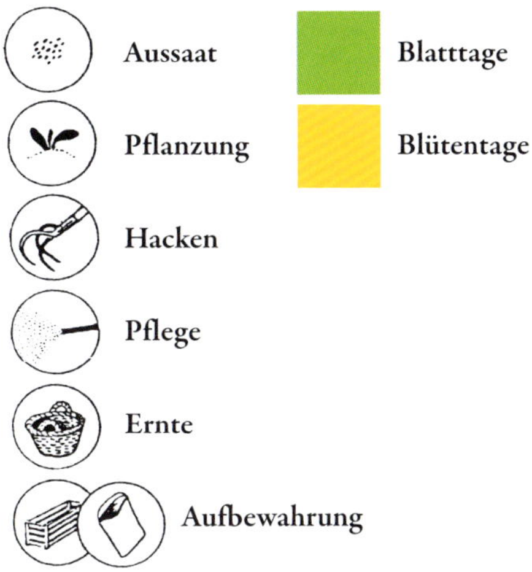

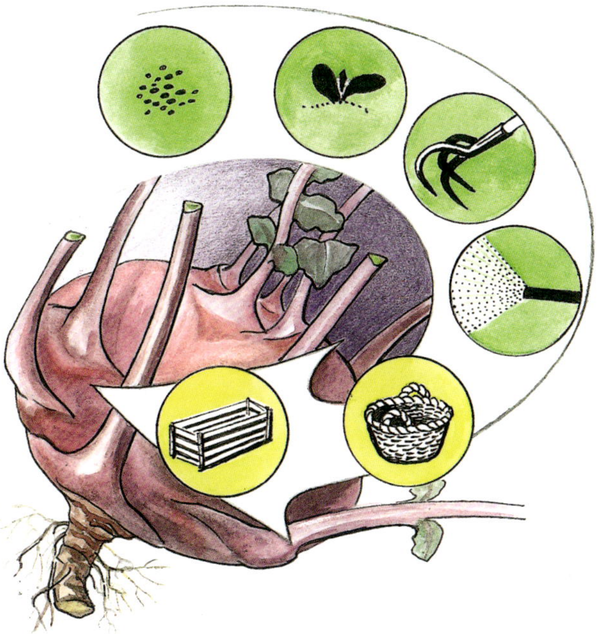

Anbau von Blattpflanzen am Beispiel von Kohlrabi

früchten eignen, auch wenn es sich um Blattpflanzen handelt. Alternativ sind Blüten oder Fruchttage zu benutzen, bei den Kohlarten die Blütentage.
Einige Pflanzen wie Zwiebel, Futterrübe und Rote Bete können an Wurzel- und Blatttagen gesät werden. Sie bringen zu beiden Zeiten ähnliche Erträge. Rote Bete, die an Blatttagen gesät werden, genießen den Vorteil, dass sie dem Unkraut davonwachsen können. Die an Blatttagen ausgesäten Zwiebeln haben jedoch den Nachteil, dass ihre Lagerfähigkeit äußerst schlecht ist. Sie faulen.
Im Folgenden finden Sie Ratschläge zu den einzelnen Gemüsearten, die teilweise von den vorher allgemein geltenden Grundsätzen abweichen.

Kohlarten

Für alle Kohlarten gilt, dass das letzte Hacken, die letzte Kieselspritzung und die Ernte von Lagergemüse an Blütentagen vorgenommen werden sollten.

Kopfkohl

Soll Sauerkraut hergestellt werden, sind für die Ernte Blütentage zu wählen. Für Aussaat, Hacken und andere Pflegearbeiten empfehlen wir Blatttage.

Kohlrabi

Die Aussaat und Pflege an Blatttagen bringt die höchsten Erträge und flachrunde Früchte. Wurzeltage sind für diese Arbeiten zu vermeiden, da unförmige Früchte und zum Teil Verschorfung entstehen. Der Geschmack ist außerdem streng.
Wenn man die Früchte längere Zeit im kühlen Lager aufheben will, sollten zur Ernte Blütentage gewählt werden.

Blumenkohl

Viele Versuche haben gezeigt, dass für den Blumenkohl die Blatttage die optimale

Bei Aussaaten an Wurzeltagen und Tagen der Erdnähe des Mondes faulen die Knospen des Blumenkohls leicht.

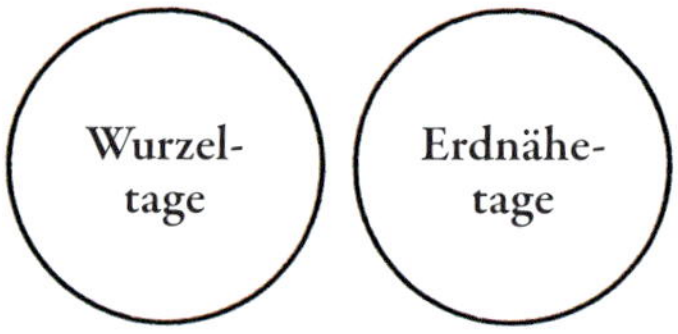

Konstellation sind. Pflanzen von Blüten- und Fruchttagen kann man gar nicht lange genug stehenlassen, da sie in Blüte schießen, bevor sie erntereif sind. Außerdem ist der Ertrag niedriger, der Geschmack allerdings etwas nussiger. Bei Pflanzen, die an Wurzeltagen ausgesät wurden, fault die Blume schnell, so dass oft nur wenig für den Tisch übrigbleibt.
Soll Blumenkohl länger im kühlen Lager aufgehoben werden, dann sind Blütentage für die Ernte zu wählen.

Kopfsalat

Für die Aussaat und Pflegearbeiten sind Blatttage zu wählen, das lässt die Pflanzen bestens gedeihen. Mit dem Blatt-Impuls wird eine deutliche Ertrags- und Qualitätssteigerung erreicht.

Feldsalat (Rapunzel)

Feldsalat sollte im Frühjahr und Sommer immer an Blatttagen ausgesät werden. Die Pflanzen schießen fast nie, da sie ihre ganze Kraft in das vegetative Wachstum (Blattwachstum) legen. Wir konnten aus einem Samenkorn salatkopfgroßen Feldsalat ernten, der sehr zart war und gut schmeckte. Für die Winter- und Frühjahrsernte wird an Blatttagen im August oder September ausgesät.

Feldsalat, auch Rapunzel genannt

Chicorée

Chicorée wird zwar an Blatttagen gesät, für die Pflegearbeiten wählt man jedoch die Wurzeltage. Dadurch kommt es zur Entwicklung einer kräftigen Wurzel. Die wird an Blatttagen geerntet und kommt in den Einschlag. Die Wurzel setzt man an Blatttagen, die in der Pflanzzeit liegen, in den Boden. Wird eine schnelle Ernte gewünscht, dann wählt man Fischetage (Mond vor Fische). Soll die Ernte erst im Frühjahr sein, dann sind Krebs- oder Skorpiontage (Mond vor Krebs oder Skorpion) zu empfehlen.

Petersilie an Blatttagen aussäen und pflegen

Spinat

Der Spinat wächst besonders gut, wenn der Boden im Herbst vorher 1 kg reifen Kompost pro m^2 bekam und der Spinat dann im Frühjahr ausgesät wird. Wenn die Sonne vor dem Sternbild Fische steht und der Mond vor Fische, Krebs oder Skorpion (Blatt-Impuls), dann ist die beste Aussaatzeit gekommen. Im Freiland wird dann nach ungefähr drei Wochen das erste Mal gehackt. Im Glashaus ist der erste Hacktermin schon neun Tage nach der Aussaat. Zum Hacken und Spritzen benutzt man Blatttage, denn dann gedeihen die Pflanzen am besten. Wird an Wurzeltagen gehackt, ist der Nitratgehalt höher. Der Blatt-Impuls bei Aussaat und Pflege führt hingegen zu niedrigen Nitrat-, aber zu hohen Zucker- und Eisenwerten. Es lässt sich also eine deutliche Qualitätssteigerung feststellen.

Petersilie

Für die Petersilie sind die Blatttage für Aussaat und Pflege die optimale Konstellation. Für die Konservierung nimmt man zur Ernte und Verarbeitung die Blütentage.

Rasen

Gräser sollte man an Blatttagen aussäen. Das Erdreich wird vorher mit reifem Kompost versorgt. Die Grassamen müssen angedrückt werden, da sie zum Keimen einen guten Erdkontakt brauchen. Danach ist der Boden feucht zu halten. Es wird abends gewässert.

Den ersten Schnitt empfehlen wir, wenn der Mond vor Krebs steht. Dann können sich die Wurzeln schnell wieder festigen. Das führt zu einem guten und dichten Wachstum der einzelnen Graspflanzen. Nach dem Schnitt spritzt man mit verdünnter Brennnesseljauche (1 l Jauche auf 40 l Wasser, siehe Seite 45 ff.).

Gedüngt wird mit Kompost, entweder wenn der Mond vor Krebs oder vor Skorpion steht.

Für den Schnitt gibt es zwei Alternativen. Wollen wir weniger oft mähen, weil wir beispielsweise nur wenig Zeit zur Verfügung haben, dann wählen wir Blütentage. Soll der Rasen schön dicht werden, dann mäht man an Blatttagen. Allerdings müssen wir dann öfter schneiden, weil die Gräser schneller wachsen.

Soll der Rasen schnell und dicht wachsen, dann schneidet man ihn an Blatttagen (links). Möchte man den Rasenmäher weniger oft einsetzen, dann wird an Blütentagen gemäht (rechts).

BLÜTENPFLANZEN

Zu den Blütenpflanzen zählen alle die Gewächse, bei denen wir Blütenreichtum erreichen wollen. Außerdem sollen die Einzelblumen der Pflanzen möglichst lange blühen. Aussaat und Pflege sind in der Regel an Blütentagen vorzunehmen – das gilt auch für den Erntezeitpunkt.

Ölfrüchte, wie zum Beispiel Sonnenblume oder Raps, gehören in gewisser Weise auch zu den Blütenpflanzen. Zwar erhalten wir den höchsten Samenertrag bei einer Aussaat an Frucht- und Samentagen, den höchsten Ölgehalt bekommen wir aber, wenn Hackarbeiten und Spritzen mit Hornkieselpräparat frühmorgens an Blütentagen durchgeführt werden. Das Gleiche trifft für die Ernte der Pflanzen zu.

Nachfolgend einige Tipps zur speziellen Behandlung einzelner Pflanzengruppen.

Blütenpflanzen

Heilpflanzen, von denen wir die Blüte verwenden, Brokkoli, Blumen – auch Schnitt- und Trockenblumen – Blumenzwiebeln und die biologisch-dynamischen Präparatepflanzen.

Blütenpflanzen werden in der Regel an Blütentagen gesät, gepflanzt, gehackt, gepflegt und geerntet. Trockenblumen behalten ihre Leuchtkraft nur lange, wenn sie an Blütentagen geerntet werden.

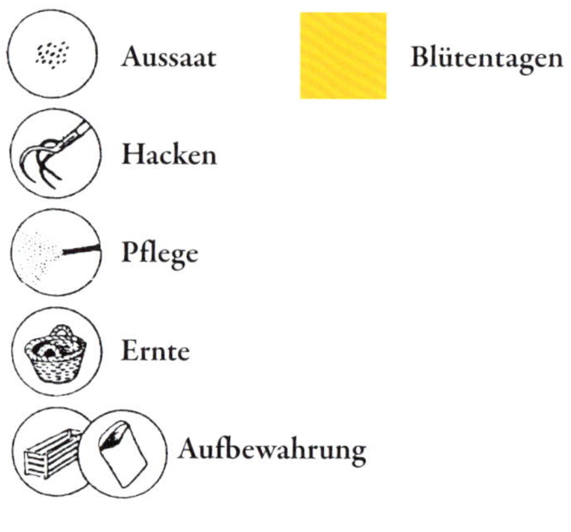

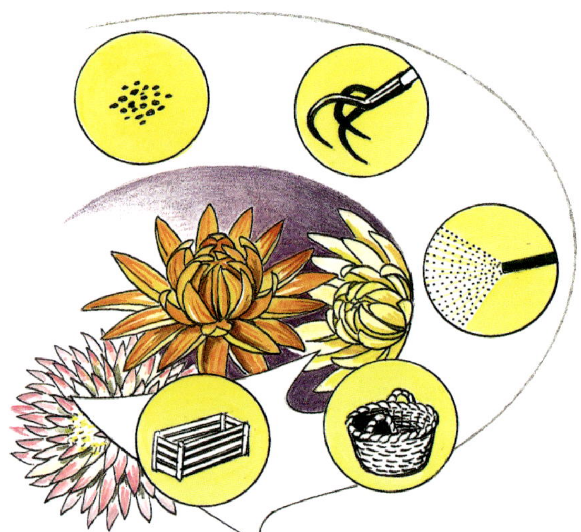

Anbau von Blütenpflanzen am Beispiel von Trockenblumen

Rosenbusch an unserem Haus: Zwischen Haus und Straßenrand ist nur 50 cm Platz. Im Herbst geben wir zwei Eimer gut verrotteten Kompost und eine Spritzung mit dem Fladenpräparat; im Frühjahr dann eine Hornmistspritzung und nach Blattaustrieb dreimal an Blütentagen frühmorgens das Hornkieselpräparat auf das Blatt.

Rosen

Wir empfehlen, die gesamte Rosenpflege – vom Pflanzenschnitt bis zur Ernte – an Blütentagen durchzuführen. Einer Ernte an Blatttagen kann Pilzbefall an der Mutterpflanze folgen. Falls im Herbst versäumt, sollten Sie im Frühjahr eine dünne Schicht Brennnesselkompost auf die Beete ausbringen und flach einarbeiten.

Zur Kräftigung und Vorsorge gegen Pilzerkrankungen an Rosenblättern stellen wir einen Brennnesseltee her. Dazu nehmen wir die ersten Brennnesseltriebe an Zaun oder Hecke. Drei bis vier Triebe werden mit 1 l Wasser kalt angesetzt. Das Ganze bringen wir dann zum Kochen und spritzen die jungen Rosenblätter nach dem Abkühlen. An Blütentagen wiederholen.

Sollten die jungen Zweige im Mai schon stark getrieben sein und kommen dann noch einmal kalte Nächte, können wegen der Zuckerentwicklungen im Blatt Läuse auftreten. Wässern Sie nach kalten Nächten am folgenden Morgen den Boden unter den Rosen. Dadurch steigt der Saft besser auf und die Blätter sind uninteressant für diese Schädlinge.

Trockenblumen

An Blütentagen geerntete Trockenblumen behalten ihre volle Farbkraft, während die von anderen Erntetagen sich schnell entfärben. Am intensivsten sind Farben und Duft bei Pflanzen, die an Blütentagen gesät, gepflegt und geerntet wurden.

Geranien und Fuchsien

Im Keller überwinterte Geranien und Fuchsien werden an Blütentagen, die in der Pflanzzeit liegen, hervorgeholt, beschnitten und neu eingepflanzt.

Tipp für Schnittblumen

Wenn Sie Blumengeschenke erwarten, dann füllen Sie rechtzeitig Wasser von Blütentagen in Vasen. Schnittblumen halten in diesem Wasser länger als in Wasser von anderen Tagen.

Schnittblumen

Für das Umpflanzen und Pikieren wählt man Blütentage, die in der Pflanzzeit liegen. Auch die Ernte, also das Abschneiden der Blüten, wird an Blütentagen vorgenommen. Der Duft ist dann am intensivsten, die Blumen bleiben sehr lange frisch und schön, und die auf dem Beet verbleibende Restpflanze bringt viele neue Seitentriebe. Dadurch bekommt man mehr Blütengenerationen und einen höheren Ertrag.

Tipps für Blumenkästen

Geben Sie eine Eierschale in die Gießkanne, mit der Sie Ihre Blumenkästen gießen. Einmal wöchentlich wird diese Schale dann erneuert. Ebenso eine Tasse Kräuterteerest vom Frühstück können Sie ins Gießwasser (21) schütten. Es eignen sich Tees aus Brennnessel, Schafgarbe, Kamille, Löwenzahnblüte, Calendula und Johanniskraut. Diese Tees verzögern den Alterungsprozess und kräftigen die Pflanzen.

Blumenzwiebeln

Blumenzwiebeln werden am günstigsten an Blütentagen während der ersten Novemberhälfte gesteckt.

Heilpflanzen

Für die Ernte von Blüten, die zu Tee oder ähnlichen Zwecken verwendet werden, wählt man Blütentage – also bei Mond vor Zwilling, Waage oder Wassermann.
Die Blüten trocknet man auf Papier an einem schattigen Ort.

Blütentage

Schnittblumen sind an Blütentagen zu schneiden. Dadurch bleiben die Blumen in der Vase am längsten frisch und der Duft ist am intensivsten. Außerdem bildet die auf dem Beet verbliebene Restpflanze viele neue Seitentriebe. So bekommt man einen höheren „Blütenertrag“.

Auch Blätter von Pflanzen, die wegen ihres ätherischen Öls angebaut werden (dazu zählen unter anderen Pfefferminze und Melisse), werden an Blütentagen zum Trocknen geerntet (siehe auch Kapitel „Ernte“, Seite 28 ff.)

Brokkoli

Der Brokkoli zeigte in vielen Versuchen eindeutig, dass er als Blütenpflanze behandelt werden möchte. Immer dann, wenn Licht-Impulse (siehe Seite 13) bei der Aussaat aktiv waren, konnten wir schöne feste Köpfe ernten. Die Aussaat an Blatttagen brachte eine Pflanze, die ihre ganze Kraft in das Blattwachstum legte, an Fruchttagen entwickelten sich viele kleine Knospen.

Oben: Dieser Brokkoli wurde an Blatttagen gesät und gepflegt, was er deutlich durch sehr kleine Einzelköpfe zeigt.

Unten: Brokkoli gehört zu den Blütenpflanzen. Hier sehen Sie eine Pflanze, die an Blütentagen ausgesät und gepflegt wurde und mit einem schönen festen Kopf darauf reagiert hat.

Präparatepflanzen

Für Anbau und Ernte der Pflanzen, aus denen die biologisch-dynamischen Präparate hergestellt werden, können wir folgende Empfehlungen geben:
An Blütentagen morgens wird der Löwenzahn gleich nach dem Aufblühen gepflückt. Die Blütenmitte muss noch geschlossen sein.
Kamille erntet man an Blütentagen kurz vor Johanni (24. Juni). Wird später gepflückt, fangen die Blüten schon an, Samen zu bilden. Aus diesen Blüten lässt sich kein wirksames Kamillepräparat mehr herstellen.
Wenn die Brennnessel die ersten Blütenansätze zeigt, wird es Zeit für die Ernte. An Blütentagen wird der gesamte oberirdische Pflanzenteil geschnitten und zum Herstellen des Brennnesselpräparates benutzt.
Baldrianblüten pflückt man an Blütentagen um Johanni.

Aus Löwenzahn, *Taraxacum officinale*, wird eines der biologisch-dynamischen Kompostpräparate gewonnen.

FRUCHTPFLANZEN

Zu den Fruchtpflanzen zählen wir alle die Pflanzen, die in der Regel auf Aussaat, Pflege und Ernte an Fruchttagen positiv reagieren.

Will man Fruchtpflanzen zur Saatgutgewinnung anbauen, dann sollten Aussaat, Pflege und Ernte an Frucht/Samentagen (Tierkreissternbild Löwe, siehe auch Seite 13) stattfinden. Das bewirkt besonders gute Saatgutqualitäten, die die der anderen Fruchttage noch übertreffen.

Fruchttage eignen sich auch in besonderem Maße für die Herstellung von Milchpro-

Fruchtpflanzen

Bohne, Erdbeere, Erbse, alle Getreidearten, alle Kürbisarten – auch Zucchini und Gurke – Linse, Mais, Paprika, Reis, Soja, Tomate, Strauch- und Baumobst

Fruchtpflanzen werden in der Regel an Fruchttagen gesät, gepflanzt, gehackt, gepflegt, geerntet und gelagert. Die Tomate sollte am besten an Fruchttagen ausgesät werden, wenn die Sonne vor dem Sternbild Wassermann steht.

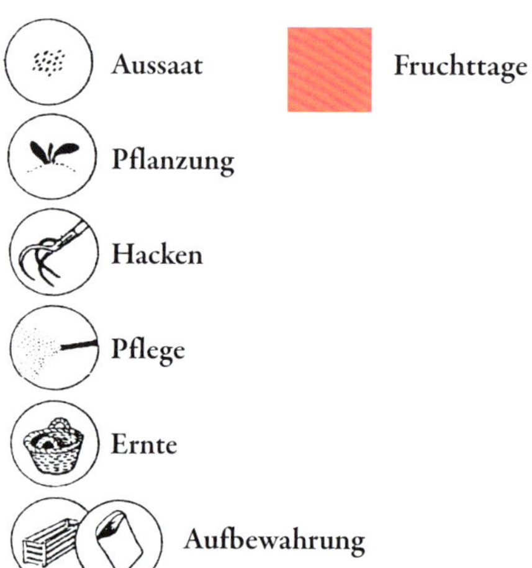

Anbau von Fruchtpflanzen am Beispiel der Tomate

Erbsen gehören zu den Fruchtpflanzen.

dukten, Sauerkraut, milchsaurem Gemüse sowie zum Brotbacken.
Nachfolgend geben wir einige spezielle Tipps für einzelne Gemüse- und Obstarten.

Erbse und Bohne

Die beiden Pflanzen bringen die besten Erträge, wenn sie an Frucht- oder Frucht/Samentagen gesät, gepflegt und geerntet werden. Beide Gemüsearten gehören zur Familie der Leguminosen (Hülsenfrüchtler), die Stickstoff in ihren Wurzelknöllchen sammeln. Sät man an Wurzeltagen aus und pflegt auch dann, so bekommt man zwar einen geringeren Ertrag an Früchten, der Besatz an Wurzelknöllchen ist allerdings am höchsten. Daher sind Wurzeltage für die Gründüngung zu empfehlen.

Linse

Für Linsen gilt das, was bereits für Erbsen und Bohnen gesagt wurde. In Versuchen konnten wir eindeutig feststellen, dass das Hacken und das Spritzen mit Hornkieselpräparat an Fruchttagen die Erträge deutlich steigert.

Tomaten werden an Fruchttagen gesät, gehackt und gepflegt.

Tomate

Tomaten sollten in jedem Fall an Fruchttagen gesät, gehackt und auch gepflegt werden. Bricht man zum Beispiel die Seitentriebe (Geiztriebe) an Blatttagen heraus, ist fast unweigerlich Pilzbefall an den Pflanzen die Folge. Ersatzweise können Blütentage für das Ausgeizen gewählt werden.
Die Aussaat sollte am besten an Fruchttagen vorgenommen werden, wenn die Sonne vor dem Sternbild Wassermann steht.

Erdbeere

Wir sollten einmal die Walderdbeere betrachten. Wir können leicht feststellen, dass sie im Frühjahr blüht und dabei nur wenige Blätter entwickelt hat. Wenn die Früchte und danach die Samen an den Früchten ausgereift sind und abfallen, beginnt verstärkt das Blattwachstum. Auch die Blüten für das neue Jahr werden jetzt angelegt. Im Herbst verfärbt sich das Laub rot und vergeht dann über den Winter.
Dasselbe können wir bei unseren Gartenerdbeeren beobachten. Um gesunde, aromatische Erdbeeren ernten zu können, müssen wir den Pflanzen die richtige Pflege angedeihen lassen. Das heißt, dass wir gleich nach der Ernte mit der Pflege fürs nächste Jahr beginnen sollten.
Die Ranken legen wir längs in die Reihen zurück. Dann geben wir reifen, also erdegewordenen Kompost zwischen die Reihen

Erdbeeren gedeihen am besten, wenn Sonne und Mond bei der Pflanzung vor Löwe stehen.

Da wir in Waldnähe sind, müssen wir die reifenden Erdbeeren mit Netzen vor Vogelfraß schützen.

(Achtung: nicht auf die Pflanzen). Zwei 10-Liter-Eimer Kompost werden auf 10 m² Beetfläche leicht eingearbeitet. Das sollte an Fruchttagen während des absteigenden Mondes, also während der Pflanzzeit, geschehen. Im weiteren Verlauf hacken wir noch zwei- bis dreimal an Fruchttagen. Die biologisch-dynamischen Gärtner spritzen nach der Ernte an den Hacktagen (Fruchttagen) das Hornmistpräparat einmal gegen Abend. An den nächsten Fruchttagen – also neun Tage später – wird das Hornkieselpräparat am Morgen gespritzt. Weitere neun Tage später – an den nächsten Fruchttagen also – wird wieder am Morgen das Hornkieselpräparat gespritzt. Und schließlich spritzt man noch einmal neun Tage später – also wieder an den Fruchttagen – das Hornkieselpräparat nachmittags. So können die Pflanzen gut entvitalisieren. Im folgenden Frühjahr wird nur noch das Unkraut entfernt, sonst nichts weiter.

Geerntet wird am besten an Fruchttagen und an Blütentagen.

Erdbeeren wachsen in der Nähe des Pilzniveaus, daher darf nur an Fruchttagen gepflanzt werden. Dann ist die Anfälligkeit für Pilzbefall geringer.

Auf keinen Fall darf das Erdbeerlaub abgemäht werden, wie das teilweise empfohlen wird. Das führt zu faulenden Früchten.

Wenn wir dies alles beachten, lohnen uns die Pflanzen die Pflege mit einer reichen Ernte aromatischer und gesunder Früchte.

Baumobst und Strauchobst

Für die Pflanzung von Baum- und Strauchobst empfehlen wir die Monate Oktober und November, wenn die Blätter schon abgefallen sind. Auch hier muss auf den Fruchtungstyp geachtet werden. Das heißt, dass an den Fruchttagen gepflanzt wird, die in der Pflanzzeit liegen.

Der November eignet sich auch zum Düngen. Reifer Kompost wird auf die Kronentraufe aufgebracht. Die Bodenorganismen sind in diesem Monat noch tätig und verarbeiten die organischen Substanzen. Wichtig ist, dass der Kompost während der Pflanzzeit (absteigender Mond) gegeben wird. Es sollte kein unverrotteter Dünger verwendet werden, da das Pilz- und Schädlingsbefall fördert.

Die Zeit von Mitte Februar bis Mitte März eignet sich für das Schneiden der Edelreiser. Dabei ist die Zeit des aufsteigenden Mondes und Fruchttage zu wählen. Die Edelreiser müssen in kühlen Räumen, eingeschlagen in feuchte Tücher, bis zur Veredelung aufbewahrt werden. Kühle Keller sind gut geeig-

Oben rechts: Die Stachelbeere – eine Fruchtpflanze

Oben ganz rechts: Schwarze Johannisbeeren

Unten rechts: Äpfel zählen zu den Fruchtpflanzen.

Unten ganz rechts: Birnen

net. Ende April bis Anfang Mai ist der günstigste Zeitraum für die Veredelung. Wir wählen für diese Arbeit die Zeit des aufsteigenden Mondes, speziell die Fruchttage in diesem Zeitraum.
Sollen Stecklinge von Beerensträuchern geschnitten werden, empfehlen wir die Zeit des aufsteigenden Mondes und Fruchttage.

Oben: Edelreiser von Obstbäumen werden bei aufsteigendem Mond von Mitte Februar bis Mitte März geschnitten. Ein Schnitt an Fruchttagen ist empfehlenswert.

Sie werden genauso wie die Edelreiser in feuchte Tücher gehüllt und im kühlen Lager bis zum März aufgehoben. Die Stecklinge steckt man dann während der Pflanzzeit. (Für Stecklinge von Weiden wählt man entsprechend die Blütentage.) Die Monate Januar bis März eignen sich für den Schnitt der Obstbäume. Wir wählen dafür Fruchttage aus der Pflanzzeit. Reichen uns die Fruchttage für die Arbeiten nicht aus, dann nehmen wir die Blütentage hinzu.

Für die Obsternte eignen sich die Fruchttage des aufsteigenden Mondes, denn dann bleiben die Früchte lange frisch und saftig. Lagerobst wird am besten an Fruchttagen oder an Blütentagen geerntet. Blatttage müssen wir unbedingt meiden, dann ist die Lagerfähigkeit nur gering. Am besten lagern wir die Früchte in Heu oder Stroh, das verlängert die Haltbarkeit.

Nach der Obsternte, am besten im November während der Pflanzzeit, ist der richtige Zeitpunkt für den Baumanstrich gekommen. Wir nehmen Rinderfladen und Ton oder Lehm zu gleichen Teilen und rühren mit Molke an, bis wir etwa die Konsistenz von Leimfarbe erreicht haben (Molke kann man in größeren Mengen über eine Molkerei beziehen). Dann reinigt man die Stämme und dickeren Äste mit einer Drahtbürste und streicht mit einer Anstreicherbürste an.

Hat man den November für diese Arbeit verpasst, kann sie im Februar oder März nachgeholt werden.

Fruchttage

Obstbäume werden am besten Ende April/Anfang Mai während aufsteigendem Mond an Fruchttagen veredelt.

Tierkreis- und Elementewirkungen nach den Versuchsergebnissen von Maria Thun

Die Tierkreisbilder geben ihre Impulse über die klassischen Elemente (Wasser, Licht/Luft, Erde und Wärme) an Boden und Pflanze weiter. Je drei Tierkreisbilder werden einem Element zugeordnet. Da wir zwölf Tierkreisregionen haben, entstehen vier Gruppen, wir nennen sie vier Trigone (siehe Zeichnung, Seite 8). Die vier Pflanzenteile (Wurzel, Blatt, Blüte und Frucht bzw. Frucht/Same) ordnen wir je einem Trigon zu. Die Region Löwe wirkt besonders positiv auf den Samen. Für uns ist die Stellung des Mondes vor diesen Sternbildern von entscheidender Bedeutung.
Zieht der Mond vor ein Bild, das auf die Wurzel einen positiven Einfluss hat, dann bezeichnen wir diesen Tag als Wurzeltag, also zum Beispiel Mond vor Stier. Wurzeltage sollte man für die Aussaat, Pflanzung, Pflege und Ernte von Wurzelpflanzen auswählen. Dadurch bekommen wir die gesündesten Pflanzen, die höchste Qualität und Erntemenge sowie die längste Lagerfähigkeit. Zu den Wurzelpflanzen zählen zum Beispiel Möhre, Rote Bete und Radieschen. Das gesagte gilt gleichermaßen für die Blatttage, Blüten- und Frucht- beziehungsweise Frucht/Samentage.

ÜBER DIE ART, WIE WIR PFLANZEN PFLEGEN

DIE PFLANZENGRUPPEN – AUF EINEN BLICK

Bei unserer Anbauweise spielt der Einfluss von Mond und Gestirnen auf das Pflanzenwachstum, wie gesagt, eine zentrale Rolle! Die Kräfte der zwölf Tierkreissternbilder (Widder, Stier usw. bis zu den Fischen) wirken mit ihren Impulsen und Strahlungen positiv auf das Pflanzenwachstum.

Wir teilen die Pflanzen in vier Gruppen ein: Blattpflanzen, Wurzelpflanzen, Blütenpflanzen und Fruchtpflanzen. Jede Gruppe hat sich für drei Sternregionen entschieden.

1. Wurzelpflanzen für Stier, Jungfrau und Steinbock
2. Blattpflanzen für Fische, Krebs und Skorpion
3. Blütenpflanzen für Wassermann, Zwillinge und Waage
4. Fruchtpflanzen für Widder, Löwe und Schütze

Immer wenn der Mond vor ein Sternzeichen tritt und wir bewegen den Boden für die Aussaat oder hacken die Beete, wird die entsprechende Pflanzenart spezifisch zum Wachsen angeregt. Ein Salat gehört also zu den Blattpflanzen, eine Rose zu den Blütenpflanzen. Es gibt einige wenige Ausnahmen. Lesen Sie dazu die folgende Aufstellung und die übersichtliche Tabelle ab Seite 210 ff.

Wurzelpflanzen

Fast alle Pflanzen, deren Wurzeln wir nutzen, zählen wir zu dieser Gruppe: Kartoffeln, Knoblauch, Möhre, Pastinake, Radieschen, Rettich, Rote Bete, Schwarzwurzel, Sellerie, Steckrübe, Wurzelpetersilie.

Wir haben Radieschen an zehn verschiedenen Konstellationen ausgesät. Die besten Früchte ernteten wir, wenn der Mond während der Aussaat vor Jungfrau oder Steinbock stand, die schlechtesten bei Merkurknoten. Aufgeplatzte Radies konnten wir bei Mond in Erdnähe feststellen.

Blumenkohl von einer Mars-Jupiter-Opposition wird immer sehr groß, außerdem hat er ein gutes Aroma.

Blattpflanzen

Hierzu zählen fast alle Pflanzen, deren Blätter wir nutzen: Chicorée, Endivien, Feldsalat, Gemüsefenchel, die meisten Kohlarten, auch Kohlrabi und Blumenkohl, Kopfsalat, Mangold, der Rasen, Spargel, Spinat und alle Blattkräuter (Schnittlauch, Dill, Thymian und andere).

Blütenpflanzen

In diese Gruppe gehören fast alle Pflanzen, bei denen wir viele Blüten und eine lange Blütezeit erreichen wollen: Blumenzwiebeln, Blütenheilpflanzen, Sommerblumen, Blütenstauden, blühende Gehölze, außerdem der Brokkoli und die Blütenpflanzen, aus denen Kompostpräparate für biologisch-dynamische Komposte hergestellt werden.

Fruchtpflanzen

Zu dieser Gruppe zählen alle Pflanzen, bei denen wir die Frucht verwenden: Bohnen, Erbsen, Getreide, Gurken, Kürbisse, Linsen, Mais, Paprika, Reis, Soja, Tomaten und Zucchini, außerdem alles Baum- und Strauchobst sowie Erdbeeren.

ZUGEHÖRIGKEITEN

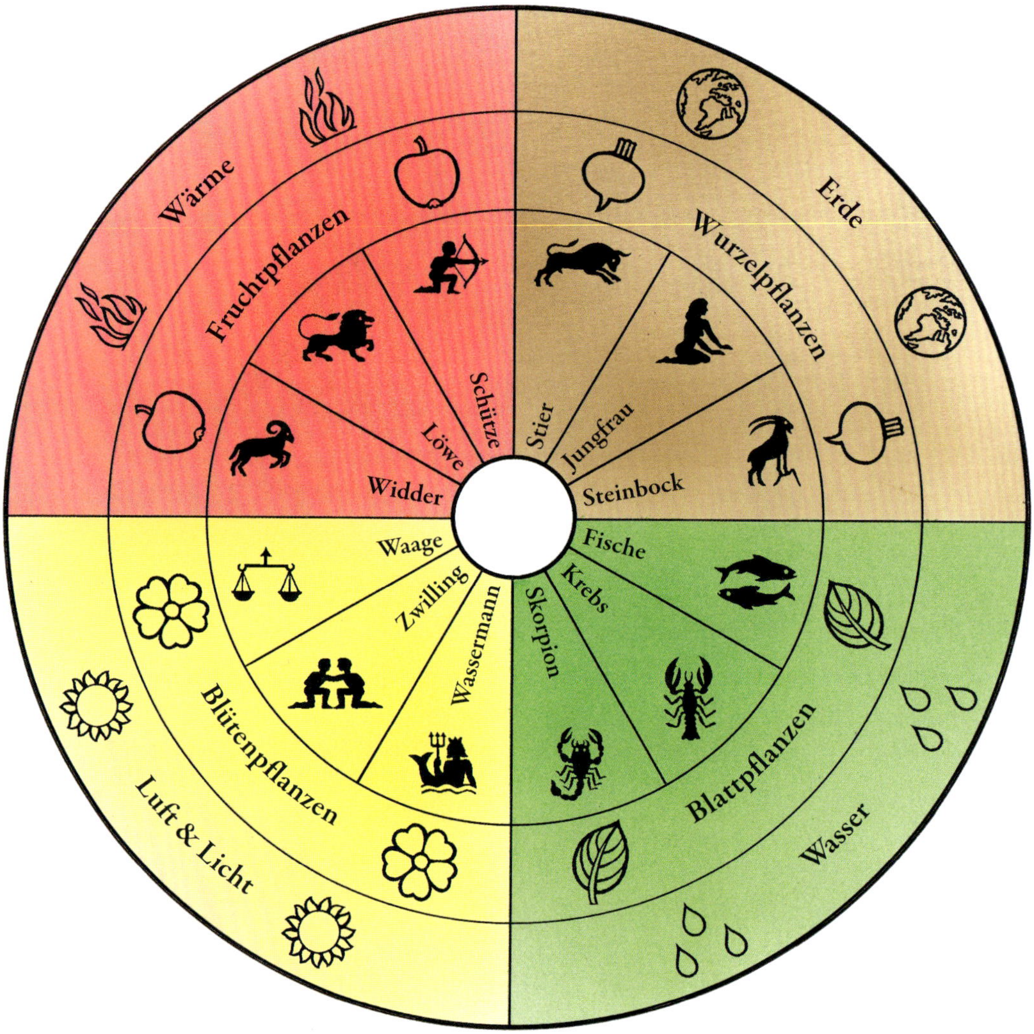

An dieser Übersicht können Sie sehen, welche Tierkreissternbilder, Pflanzengruppen und Elemente zusammengehören.

Auch die zwölf Tierkreissternbilder teilen wir – wie schon erwähnt – in vier Gruppen ein, und jeweils eine Gruppe mit drei Bildern gehört zu einer der vorher genannten Pflanzengruppen. Außerdem wird jeweils ein Element einer solchen Gruppe zugeordnet.

Das gehört zusammen

Sternbild	Pflanzengruppe	Element
Fische	Blatt	Wasser
Widder	Frucht	Wärme
Stier	Wurzel	Erde
Zwillinge	Blüte	Luft/Licht
Krebs	Blatt	Wasser
Löwe	Frucht/Same	Wärme
Jungfrau	Wurzel	Erde
Waage	Blüte	Luft/Licht
Skorpion	Blatt	Wasser
Schütze	Frucht	Wärme
Steinbock	Wurzel	Erde
Wassermann	Blüte	Luft/Licht

Die Region Löwe wirkt besonders positiv auf die Samenentwicklung, daher die Erweiterung in der Tabelle.

Mein Enkel und ich in unserem betriebseigenen Labor.

AUF- UND ABSTEIGENDER MOND

Einen entscheidenden Einfluss auf das Pflanzenwachstum hat der Zeitpunkt, in dem sich der Mond in seinen absteigenden oder aufsteigenden Bogen begibt. Achtung: Nicht verwechseln mit abnehmendem und zunehmendem Mond – das ist etwas anderes (siehe Zeichnung).

In den ungefähr 27 Tagen, in denen der Mond die Erde einmal umläuft, steigt er vom tiefsten Punkt (in der Region Schütze) bis zum höchsten Punkt (Region Zwillinge) auf, vom höchsten zum niedrigsten wiederum ab.

Bei absteigendem Mond atmet die Erde ein, alle Kräfte gehen in die Wurzel. Daher wird in dieser Zeit umgepflanzt, Blütenzwiebeln gesteckt und Wurzelgemüse geerntet.

Bei aufsteigendem Mond atmet die Erde aus, die Kräfte konzentrieren sich auf das oberirdische Wachstum. Jetzt werden zum Beispiel Edelreiser geschnitten und Lagerobst sollte geerntet werden.

Aussaaten während ungünstigen Konstellationen, durch Mond oder Planeten hervorgerufen, sollte man meiden.

Pflanzzeit (rechts) und Nicht-Pflanzzeit (links). Während der Zeit des absteigenden Mondes wird gepflanzt und gesät. Steigt der Mond auf, dann werden zum Beispiel Stecklinge geschnitten und Äpfel geerntet.

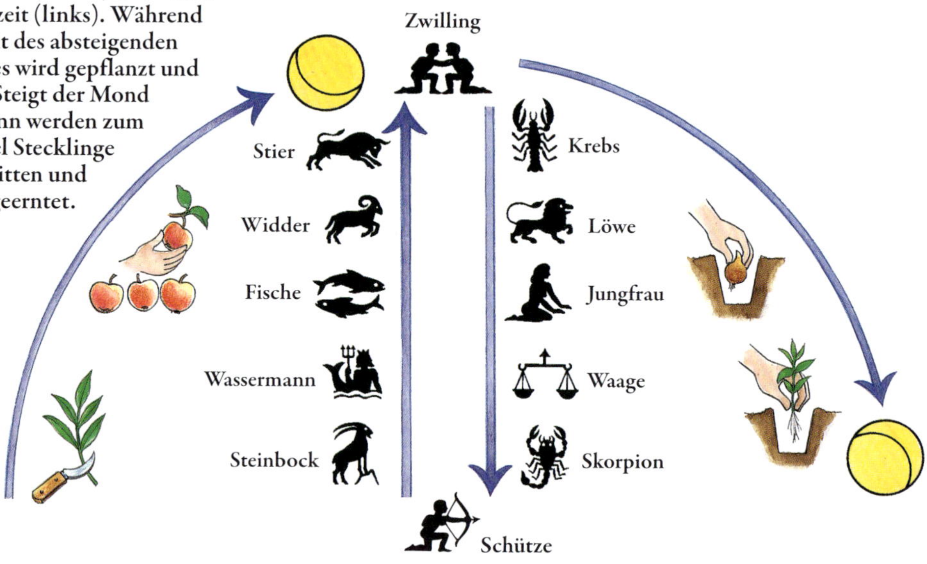

DER TAGESABLAUF

Auch innerhalb eines Tages haben wir verschiedene Kräfte. Bis Mittag liegen aufsteigende, danach absteigende Kräfte vor. Einige Beispiele dazu. Radieschen, die man morgens erntet, behalten lange ihr frisches Laub, die Knolle selbst jedoch wird schnell welk. Holt man die Radieschen erst gegen Abend aus der Erde, dann haben wir eine feste und knackige „Frucht", die sich lange hält.
Salat hat einen langen haltbaren Kopf, wenn wir ihn am Morgen ernten. Mittags und nachmittags geerntet, wird der Salat dagegen schnell welk und wir müssen ihn gleich verbrauchen. Und außerdem hat der Salat dann bis zu 10 % weniger Gewicht.

Auch Tiere erleben übrigens diesen Rhythmus. So wurde uns von indischen Elefanten erzählt, die schwere Baumstämme und Lasten ohne Probleme bis etwa 11.30 Uhr herumschleppten, sich aber danach weigerten diese Arbeiten weiter zu tun. Wir nehmen also an, dass die Tiere bei aufsteigendem Tag über mehr Kräfte verfügen als bei absteigendem.

Hier ein Möhrenversuch. Wir ernten die Samen von verschiedenen Aussaatkonstellationen, um zu sehen, wie sich die Anbauweise auf die Nachkommen auswirkt.

DIE GRUNDREGELN – AUF EINEN BLICK

Bei diesem Versuch haben wir Rosenstecklinge in der Pflanzzeit an Blatttagen in die Erde gebracht. Die Stecklinge wurzelten schnell, die Pflanzen bekamen jedoch zunächst keine Blüten.

Ein völlig anderes Bild zeigt sich, wenn die Stecklinge während der Pflanzzeit an Blütentagen bei Mondstand Zwillinge in den Boden kommen. Sie blühen sehr schnell und später reichlich.

Nachfolgend haben wir Ihnen neun wichtige Grundregeln aufgeschrieben.

1. Regel: Wurzelpflanzen werden an Wurzeltagen gepflegt. Also Aussaat, Pflanzung, alle Hack- und Pflegearbeiten sowie die Ernte und Konservierung finden an Wurzeltagen statt.

2. Regel: Blattpflanzen sät, pflanzt und pflegt man an Blatttagen. Lagerfrüchte werden an Blütentagen geerntet. Alles, was man direkt verwenden will, beispielsweise Salat, holt man frisch aus dem Garten, egal zu welcher Zeit.

3. Regel: Blütenpflanzen werden an Blütentagen gesät, gepflanzt, gepflegt und geerntet.

4. Regel: Fruchtpflanzen sät, pflanzt, hackt und pflegt man an Fruchttagen. Auch für Ernte und Konservierung sind Fruchttage zu wählen.

5. Regel: Pflanzen und säen Sie in der Zeit des absteigenden Mondes (Pflanzzeit). Dann befinden sich die Kräfte der Pflanze in den unterirdischen Teilen. Die Pflanzen wurzeln gut und wachsen gesund.

6. Regel: Alle Arbeiten, die Kräfte in den oberirdischen Teilen brauchen, zum Beispiel Stecklinge schneiden, werden in der Zeit des aufsteigenden Mondes (Nicht-Pflanzzeit) vorgenommen.

7. Regel: Wenn es nicht möglich ist, die Pflanzen an den jeweils besten Tagen zu säen, dann muss man darauf achten, dass alle übrigen Pflegemaßnahmen zu geeigneten Zeiten vorgenommen werden.
8. Regel: Will man Samen für das nächste Jahr ernten, dann sind bei den Fruchtpflanzen für Aussaat, Hacken, Pflegearbeiten und die Ernte Fruchttage zu wählen. Braucht man Saatgut von einer Blattpflanze, dann sät, hackt und pflegt man die Pflanzen an Blatttagen und zwar so lange, bis sie sich sehr schön entwickelt hat. Alle folgenden Arbeiten müssen nun an Fruchttagen stattfinden. Ganz wichtig: Samen nur von Pflanzen nehmen, die sich vorher sehr schön und voll entwickelt hatten (am besten mit einem Schildchen kennzeichnen). Beachtet man diese Regel nicht, bekommen wir von diesen Samen im nächsten Jahr auch wiederum nur kleine, nicht schöne Salatköpfe.
9. Regel: Wenn in der Natur Früchte oder Blätter gesammelt werden, richten wir uns nach folgenden Grundregeln: Wurzeln und Rinden an Wurzeltagen sammeln, Blätter und Blüten an Blütentagen pflücken und Früchte und Samen an Fruchttagen ernten. Alles wird an schattigen und luftigen Orten getrocknet. Wir trocknen nie mit elektrischen Geräten, weil wir festgestellt haben, dass das Aroma darunter leidet. Die trockenen Pflanzen werden in Säckchen, Tüten oder auch Gläsern (mit Korken verschließen) aufbewahrt. Niemals verwenden wir Metallgefäße.

Zwiebelversuche: Von diesen Pflanzen ernten wir die Samen, um zu sehen, wie sich die verschiedenen Aussaattage auf den Nachbau im nächsten Jahr auswirken.

Auswirkungen auf das Pflanzenwachstum

In zahlreichen und jahrelangen Versuchen haben wir heraus gefunden, dass der höchste Ertrag und die beste Qualität bei den Pflanzen erreicht wird, wenn wir die genannten Regeln einhalten. Zum Beispiel ist die Blattmenge von Salat deutlich niedriger, wenn wir ihn im Wassermann (Blüten) oder Widder (Frucht) ausgesät haben. Der Salat von einer Saat am Blüten- oder Fruchttag ist bei der Ernte einfach schon ein wenig geschossen und er hat deswegen, vom Wurzelhals ausgehend, bereits einen dicken Stamm gebildet, zu Ungunsten der Blattmasse.

DER PH-WERT DES BODENS

Leider haben wir es oft mit saurem Erdreich zu tun, manchmal zu sauer, um Gemüse und Getreide erfolgreich pflegen zu können.
Wir konnten auf einem sehr sauren Ackerboden feststellen, dass sich der pH-Wert von 5 bis auf 5,8 steigern ließ, wenn wir das Erdreich mit Pflanzentees spritzten. Mit dem Hornmistpräparat kamen wir auf einen Wert von 6,1. Das Fladenpräparat brachte schließlich 6,8.
Das ist ein ganz erstaunliches Ergebnis und wir können mit diesen Behandlungen jeden Boden pflanzenfreundlich aufwerten.

TEES FÜR DIE PFLANZENGESUNDHEIT

Selbst hergestellte Pflanzentees stärken unsere Pflanzen gegen Krankheitsbefall und wir können uns über höhere Erträge freuen. Die Tees werden immer kalt auf die Pflanzen gespritzt.

Auf diesen Obstgestellen trocknen Blüten und Kräuter für Tee.

Eichenrinde zur Herstellung von Pflanzentees wird kalt angesetzt.

Wir verwenden für Pflanzentees Baldrian, Brennnessel, Löwenzahn, Schafgarbe, Ackerschachtelhalm, Eichenrinde und Kamille. Alle Tees werden über die Pflanze gespritzt und stärken diese gegen Schädlinge. Außerdem erhalten wir eine bessere Erntequalität und höhere Erntemengen.

Für Schafgarbe, Kamille, Löwenzahn und Baldrian rechnen wir pro 10 l Spitzflüssigkeit mit 1 g der getrockneten Blüten(droge). Die Blüten werden mit kochendem Wasser überbrüht und nach 15 Minuten abgesiebt. Vor der Anwendung muss die Flüssigkeit abgekühlt sein.

Brennnessel wird kalt angesetzt, 5 g getrocknete Blätter auf 10 l Wasser. Danach kurz aufkochen und nach 15 Minuten abseihen und abkühlen lassen. Man kann den Tee auch mit 1 l Wasser herstellen und später 9 l Wasser einrühren.

Ackerschachtelhalm und Eichenrinde müssen kalt angesetzt und dann 15 Minuten gekocht werden. Abseihen und abkühlen lassen. Vom Ackerschachtelhalm nimmt man 1 g pro 10 l Wasser, von der Eichenrinde 5 g. Ist der Tee kalt, wird er fein verdüst gespritzt. 10 l Spritzflüssigkeit reichen für ¼ Hektar Fläche (250 m^2). Da im Garten nur wenig gebraucht wird, bitte entsprechend weniger ansetzen. Für 250 m^2 wird 1 l gebraucht.

VORFRÜHLING UND FRÜHLING

ZU DEN BAUERNREGELN

Es gibt für Bauern und Gärtner einige wichtige Bauernregeln, an denen sich viele Menschen orientieren. Die bekanntesten sind die Eisheiligen vom 12. bis 15. Mai. Am 12.5. ist der Pankratius, am 13. der Servatius, am 14. der Bonifatius und am 15. schließlich die sogenannte kalte Sophie. Danach beginnt vielerorts die Balkon- und Terrassensaison, weil kein Frost mehr zu erwarten ist.

Wir haben in verschiedenen Versuchen festgestellt, dass einige Bauernregeln nicht mehr auf den Tagen liegen, die uns überliefert wurden. Und das ist auch verständlich, weil sich alle 72 Jahre der Sonnenstand um ein Grad verschiebt, was gleichbedeutend mit einem Tag ist. Eine Bauernregel, die also 700 Jahre alt ist, müsste sich bereits um zehn Tage verschoben haben.

Zu einigen Bauernregeln liegen uns Beobachtungen vor, die Sie nachfolgend und auf den Seiten 162/163 nachlesen können.

Mariä Lichtmess

Zu Mariä Lichtmess am 2. Februar kennt man die Bauernregel: „Wenn der Dachs sein Schatten sieht, er noch vier Wochen in sein Bau flieht."

Nach unseren Beobachtungen fällt Mariä Lichtmess jetzt auf den 15. Februar. Demnach müsste die Regel ungefähr 950 Jahre alt, also um 1050 nach Christus aufgestellt worden sein. Wir wissen auch, dass damals am 2. Februar die Sonne vor dem Wassermann stand. Und wenn die Sonne vor dem Wassermann steht, dann herrschen beson-

Hier ein Blick auf unser Versuchsfeld an der Hell

dere Lichtverhältnisse. Heute steht die Sonne erst ab dem 14. Februar vor dem Wassermann. Das unterstützt unsere Beobachtungen.

Josefstag

Vom Josefstag am 19. März heißt es, dass man Stecklinge machen soll. Wir haben festgestellt, dass die Stecklinge an diesen Tagen nur etwas werden, wenn eben auch Pflanzzeit ist. Bei Nicht-Pflanzzeit wurzeln Stecklinge nicht besonders gut, auch nicht am Josefstag.

Die Eisheiligen

Über Jahrzehnte stellten wir immer wieder fest: Sind Mond oder Planeten im Mai vor Sternbildern, die Erdenelementwirkung haben, treten bei manchen Winkelstellungen Nachtfröste auf. Manchmal fallen solche Konstellationen auf die Daten der „Eisheiligen", aber sehr oft auch auf andere Daten.

Himmelfahrtstag

Der Himmelfahrtstag war früher ein ganz wichtiger Tag zum Sammeln von verschiedenen Wildpflanzen. Am späten Nachmittag und in der Abenddämmerung mussten wir Blätter von Huflattich, Waldmeister, Maiglöckchen, Frauenmantel, Gänsefingerkraut und die jungen Triebe von Weide, Birke, Heckenrose, Haselnuss und Fichte sammeln. Alle Pflanzenteile trocknete man auf dem Dachboden des Hauses auf Papier. Alles, was fertig getrocknet war, kam in eine spezielle Kammer. Manchmal öffneten wir die Tür dieser Kammer, nur um den wunderbaren, aber sehr intensiven Kräuterduft einzuatmen.

Schön, wenn die Gartensaison wieder losgeht. Bald ist schon der erste Salat reif.

IM GEWÄCHSHAUS

Schon 14 Tage nach der Salatpflanzung setzen wir Tomatenjungpflanzen. Die beiden Nachbarn stören sich nicht. Bevor die Tomate dem Salat das Licht streitig macht, ist der schon geerntet.

Wir haben ein kleines Gewächshaus, in dem wir schon frühzeitig im Jahr starten – mit Salat, Kohlrabi, Radieschen und Blattkräutern, die alle in Töpfe gesät werden. Schnittsalat kommt ins Grundbeet. Ab Ende Februar geht es hier mit den ersten Aussaaten los und, wenn im April der erste frische, selbst gezogene Salat auf den Tisch kommt, dann ist es immer wieder eine große Freude. Wir heizen das Gewächshaus nur kurze Zeit im Vorfrühling, wenn wir schon im Februar Salat aussäen wollen. Auch Blumenkohl- und Kohlrabi-Aussaaten Anfang März bekommen Unterstützung durch die kleine Elektroheizung.

Salatpflanzen in unserem kleinen Gewächshaus. Ihnen folgen Tomaten und Gurken.

Im Gewächshaus fangen wir frühestmöglich im Jahr mit Aussaaten von z. B. Salat an.

Im Gewächshaus pflegen wir außerdem Chicorée, der im Winter unseren Tisch mit zusätzlichen Vitaminen versorgt (siehe Seite 181).

Das Gewächshaus ist der ideale Ort, um Tomaten, Paprika, Auberginen und Peperoni anzuziehen. Später – nach den Eisheiligen – kommen alle diese Pflanzen bei uns ins Freiland. Natürlich können Sie die Gemüse auch im Gewächshaus weiter pflegen.

Gurken in Strohballen auspflanzen, um Fruchtfolgeprobleme im Kleingewächshaus zu vermeiden.

Strohballen im Glashaus

Im Gewächshaus kann es zu Bodenkrankheiten kommen, da wir immer wieder die gleichen Gemüse anbauen wollen und eine Fruchtfolge nur sehr schwer einzuhalten ist. Wir können uns hier mit der Strohballen-Kultur helfen.

Dazu holen wir uns Strohballen, schneiden sie auf, lassen sie aber als Ganzes liegen. In der Mitte wird eine Kuhle auseinandergedrückt und reifer Kompost eingebracht. Hier pflanzt oder sät man Gurken oder Tomaten. Das beste Stroh ist Haferstroh, alle anderen Arten sind nicht so gut, man kann sie aber auch verwenden. Weizenstroh hat mehr Wärmekräfte als Gerste. Roggenstroh besitzt viel Kiesel. Nach der Ernte kann man das angerottete Stroh auf den Komposthaufen geben.

Auch Tomaten kann man in Strohballen einpflanzen.

TIPPS ZU DEN EINZELNEN PFLANZEN

So wächst Salat besser

Direkt vor der Pflanzung knipsen wir die Spitzen der längeren Wurzeln bei den Salat-Jungpflanzen ab.

Wenn unsere Salat-Aussaaten so groß sind, dass die Pflänzchen mehr Platz brauchen oder nach draußen können, dann knipsen wir die Spitzen der längeren Wurzeln ab. Dadurch kommt es zu einer besseren Verzweigung und zu mehr Wurzeln. Die Pflanzen wachsen besser, die Salatköpfe werden größer.

Dasselbe haben wir übrigens früher gemacht, wenn Kohl oder Zuckerrüben aufs Feld gepflanzt wurden. Das Abknipsen mit den Fingern gehörte wie eine typische Handbewegung einfach mit dazu. Darüber gab es keine Diskussion.

Nicht vergessen bei Salat: Für beste Ernten und gesunde Köpfe muss an Blatttagen ausgesät, pikiert, gepflanzt und gehackt werden.

Die Lieblingstees von Kopfsalat

Mit unseren Versuchen konnten wir nachweisen, dass sowohl die Samenentwicklung als auch die Kopfbildung durch die Gabe von verschiedenen Tees positiv beeinflusst werden kann. Kopfsalat liebt Tees aus Schafgarbe, Eichenrinde und Baldrian (Teezubereitung, siehe Seite 134 f.).

Einige Sortenempfehlungen

Beim Blumenkohl haben wir gute Erfahrungen mit der Sorte 'Erfurter Zwerg' gemacht. Für frühen Salat wählen wir 'Maikönig', für späten 'Brauner Trotzkopf', 'Attraktion' und 'Neckarperle'. Alle diese Sorten reagieren

Gesunder Kürbis auf einem unserer Versuchsfelder

sehr positiv auf die biologisch-dynamische Anbaumethode, die wir anwenden.

Die Spinatsorte 'Super Green' reagiert positiv auf unsere Anbaumethode.

Große Feldsalatpflanzen

Wir säen Feldsalat schon im April und Mai. Er geht dann nicht in Samen und die Einzelpflanze bestockt sehr schön. Das bedeutet, dass am Wurzelhals immer neue Pflänzchen angesetzt werden. Das gibt besonders große Pflanzen. Feldsalat gehört zu den Blattpflanzen, Aussaat und Pflegemaßnahmen finden daher an Blatttagen statt.

Feldsalat rund ums Jahr

Wir können fast das ganze Jahr über frischen Feldsalat ernten. Für den Sommerverbrauch säen wir im April und Mai. Im Juli, August und September machen wir regelmäßig Folgesaaten. Diese können auch über Winter bei offenem Boden geerntet werden.

Spinatversuch: Säen wir Spinat an einem Blütentag, verzweigt die Pflanze stark (links). Eine Aussaat an Fruchttagen bewirkt, dass sie schnell in Samen geht (zweite von links). Kommen die Samen an Blatttagen in die Erde, bringt das die schönsten Pflanzen (zweite von rechts). Wurzeltage während der Aussaat lassen die Pflanzen verkümmern (rechts).

'Super Green' – unser Spitzen-Spinat

Mangold pflegen wir nur sehr selten. Wir lieben Spinat. Vor etwa 40 Jahren bekam ich aus Dänemark eine wunderbare Sorte mit dem schönen Namen 'Super Green'. Sie macht große und gut schmeckende Blätter und ist für uns die beste Sorte überhaupt.

Seitdem ernten wir jedes Jahr nicht nur genug Spinat, sondern sorgen auch für genügend Samen fürs folgende Jahr, weil keine andere Sorte uns je so überzeugt hat wie eben diese.

Petersilie

Die Petersilie liebt humosen Boden ohne zusätzlichen Dünger. Sie wird an Blatttagen gesät, gepflanzt und gepflegt. Dann erhalten wir vitale und sehr aromatische Pflanzen.
Wir verwenden Petersilie zu Bohnen, Gurken, Kohlrabi, Kartoffeln und Tomatensalat. Zu Blattsalaten nehmen wir sie nicht, da ihnen ihr Aroma nicht gut bekommt. Für den Winter konservieren wir Petersilie mit Salz, dadurch wird sie haltbar, und wir müssen während der gesamten kalten Jahreszeit nicht darauf verzichten. Die genaue Anleitung dafür finden Sie auf Seite 92 ff.

Gewürzkräuter richtig pflegen

Viele Kräuter reagieren empfindlich auf Düngung. Verwenden Sie im Herbst am besten reine Pflanzendünger. Tierische Beimengungen stören das feine Aroma. Geben Sie zum Kompost das Fladenpräparat aufs Beet, dadurch wird das Bodenleben unterstützt. Im Frühjahr spritzen wir einmal mit Hornmist und nach jedem Schnitt jeweils noch einmal. Blattkräuter bekommen Kiesel an Blatttagen. Für einen hohen Gehalt an ätherischen Ölen geben wir Kiesel an Blütentagen.

Den richtigen Tee für Kresse

Weil die Kressepflanzen nur eine sehr kurze Wachstumszeit haben, spritzen wir ausschließlich den Boden mit verschiedenen Tees, nie das Blatt. Wir konnten dabei feststellen, dass Kresse am positivsten auf Schafgarben- und Ackerschachtelhalm-Tee reagiert (Herstellung von Tees, siehe Seite 34 f.).

Gesunde Kresse durch Pflanzentees. Die schon gekeimten Saaten werden mit Tee gespritzt.

Frische Radieschen

Mit den Radieschen fangen wir im März im Gewächshaus an. Erntereif sind die ersten vier bis sechs Wochen später. Wir säen laufend nach bis Ende September. Die letzten Radies ernten wir im November. Dann müs-

Hier können Sie sehen, dass sich die Radieschen von verschiedenen Aussaattagen unterschiedlich entwickelt haben. Vorn wachsen gut entwickelte Radies, hinten untypische. Diese „guten und schlechten Pflanzen" bleiben stehen, im Herbst gewinnen wir die Samen und säen im kommenden Jahr wieder aus, um zu sehen, wie sie sich im Nachbau verhalten.

sen wir leider fünf Monate bis April des nächsten Jahres warten. Wichtig: Radieschen gehören zu den Wurzelfrüchten – also Aussaat und Pflegemaßnahmen finden an Wurzeltagen statt.

Radieschen liebt Kamille, Baldrian und Eichenrinde

Wenn Sie dem Radieschen etwas Gutes tun wollen, dann geben sie ihm Tee aus Kamille, Baldrian und Eichenrinde. Die größte Blattentwicklung konnten wir nach Brennnessel-Tee-Behandlung bei Radies beobachten. Die Radiesknolle wird durch Spritzung mit Kamillentee verbessert. Die besten Samenerträge erreichen wir mit Tees aus Kamille, Eichenrinde und Baldrian (Tee-Herstellung, siehe Seite 34 f.).

Vorn Radieschen mit Samen, hinten Salatpflanzen in der Blüte

Auch Kohlrabi hat seinen Lieblingstee

Beim Kohlrabi kommt es darauf an, dass sich eine feste und nicht verholzte „Frucht" ausbildet. Das beste Ergebnis zeigte sich in dieser Hinsicht bei Teegaben aus Löwenzahn, Schafgarbe und Brennnessel (Tee-Herstellung, siehe Seite 34 f.).

Beste äußere und innere Qualität bei Kohlrabi, wenn er an Blatttagen, zum Beispiel Mond vor Krebs, ausgesät wird.

Tees für Blumenkohl

Blumenkohl zeigte bei allen Behandlungen: Er liebt Tee aus Brennnessel und Eichenrinde übers Blatt (Tee-Herstellung, siehe Seite 34 f.).

Die Vorlieben von Kohl

Die Kohlarten gehören – mit Ausnahme von Brokkoli – zu den Blattpflanzen. Daher säen wir an Blatttagen und geben kurz vorher das Hornmistpräparat. Haben sich kleine Pflänzchen gebildet, pikieren wir in Erde, die ebenfalls Hornmist bekommen hat. Vor der Pflanzung spritzen wir den Boden wiederum mit Hornmist. Wichtig: An Blatttagen in der Pflanzzeit setzen.

Wenn wir nach unserer Anbaumethode Kohl pflegen, hat keine Pflanze kranke Wurzeln und wir können die schönsten Köpfe ernten.

Wenn die Jungpflanzen neue Blätter bilden, beginnen wir mit den Hornkieselspritzungen. Es wird dreimal im Abstand von neun oder zehn Tagen frühmorgens an Blatttagen gespritzt. Das lohnt die Pflanze mit besserem Aroma und einer höheren Erntemenge. Bei Lagerkohl und Kohl zur Sauerkraut-Herstellung wird etwa drei Wochen vor der Ernte die Kieselspritzung an Blütentagen (!) morgens früh gegeben, nicht mehr an Blatttagen. Lesen Sie dazu auch den Hinweis auf Seite 99.

Möhren folgen gerne dem Roggen

Möhren dürfen nicht auf Beete gesät werden, die im Herbst Kompost bekommen haben. Sie wollen einen entvitalisierten Boden. Wir konnten feststellen, dass ansonsten der Schädling Möhrenfliege verstärkt auftritt.

Die Möhrensorte 'Rothild' eignet sich besonders für unsere Anbaumethoden.

Dem Roggen folgen gerne Möhren in der Fruchtfolge.

Die besten Erfahrungen haben wir gemacht, wenn die Möhren dort gesät werden, wo vorher Getreide gewachsen ist. Und noch besser ist es, wenn sie auf Roggen folgen.

Wintermöhren und die Stier-Sonne

Bei all unseren Versuchen zeigte sich, dass Wintermöhren an Wurzeltagen nach dem 13. Mai ausgesät werden wollen. Dann ist die Sonne vor das Sternbild Stier getreten.

Die Pflanzen entwickeln sich jetzt am besten und wachsen sehr schnell. Wir haben sehr gute Erfahrungen mit der Sorte 'Rothild' (von der Firma Hild in Marbach am Neckar) gemacht, unserer meist angepflanzten Wintermöhren-Sorte. Sie reagiert sehr positiv auf die biologisch-dynamischen Anbau-Methoden.

Bei Versuchen zeigte sich, dass wir sehr niedrige Nitratwerte und einen hohen Zuckergehalt im Saft unserer Möhren haben. Das ist auf das Kieselpräparat und unsere Spritzungen mit Pflanzentees zurückzuführen.

Beste Erfahrungen mit unserer Lieblings-Wintermöhren-Sorte 'Rothild' bei Aussaat Sonne vor Stier und Mond vor Wurzelbildern

Möhre und Pastinake

Möhren und Pastinaken werden an Wurzeltagen gesät, gehackt und geerntet. Dann bleiben sie gesund. Es ist außerdem sehr wichtig, dass Sie die jungen Pflanzen nicht zu dicht stehen lassen. Nehmen Sie lieber ab und zu einen Sämling heraus.

Aussaatvergleiche: Die Möhren rechts und links haben wir an Merkurknotentagen gesät. Die Möhren in der Mitte wurden an Wurzeltagen gesät und zeigen eine typische Wurzelentwicklung.

'Pariser Markt' und 'Nantaise'

Wir haben mit den beiden Möhrensorten (keine Lagersorten) 'Pariser Markt' und 'Nantaise' beste Erfahrungen gemacht. Wir säen Ende April an Wurzeltagen in der Pflanzzeit direkt ins Freiland. Alle Pflegemaßnahmen bitte auch an Wurzeltagen vornehmen.

Wenn Kinder keine Möhren essen wollen

Sollten Ihre Kinder keine Möhren mögen, dann versuchen Sie einmal Möhren an Wurzeltagen auf den Speiseplan zu setzen. Nach unseren Erfahrungen ist das Essen dann gar kein Problem mehr. Im Gegenteil: Laut dem Ernährungsforscher, Dr. Renzenbrink, lieben die Kinder in diesen Tagen das angebotene Gemüse.

Die beste Bodenvorbereitung für Kartoffeln

Eine alte Weisheit besagt, dass Kartoffeln im Frühjahr gedüngt werden müssen, damit die Pflanze schnell wächst. Das tun wir nicht. In zahlreichen Versuchen konnten wir immer wieder feststellen, dass auch bei der Kartoffel der Kompost und veredelte Mist im Herbst flach in den Boden eingearbeitet werden muss – und zwar in der Pflanzzeit im Monat Oktober. Gleichzeitig spritzen wir das Fladenpräparat und nach etwa vier Wochen – spätestens jedoch Mitte November – pflügen wir die Winterfurche. So erreichen wir, dass die Bodenorganismen bestens arbeiten und nach Mitte November auch nicht mehr gestört werden. Im Frühjahr wird der Boden dann noch einmal bearbeitet und gleichzeitig das Hornmistpräparat gespritzt. Gepflanzt wird an Wurzeltagen und, da die Kartoffel Luft an ihren Wurzeln so sehr liebt, hacken wir zweimal an Wurzeltagen und geben

Kartoffeln anbauen

1. Im Herbst Kompost einarbeiten und das Fladenpräparat zweimal spritzen.
2. Kartoffelpflanzung an Wurzeltagen im Frühjahr.
3. Spritzen des Kieselpräparates und Hacken an Wurzeltagen. Dreimal hintereinander, immer an Wurzeltagen.

gleichzeitig das Kieselpräparat. Auch beim dritten Mal hacken spritzen wir Kiesel. Wenn die Kartoffeln nicht auf Wälle gepflanzt werden, müssen sie nach etwa vier Wochen angehäufelt werden, damit die Knollen nicht grün werden.

Kartoffelversuch: Wir legten die Kartoffeln an verschiedenen Pflanztagen. Die an Blütentagen gepflanzten entwickelten früh die Blüte, die von Wurzeltagen blühten sehr viel später, was erwünscht ist.

Gesunde Kartoffeln

Kartoffeln lassen sich wunderbar gegen Phytophtora (Kraut- und Knollenfäule) schützen. Wenn sich das zweite Blattpaar entfaltet hat, wird mit Brennnesseltee an Blatttagen gegen Abend gespritzt. Dann folgen jeweils im Abstand von neun Tagen wieder an Wurzeltagen morgens Teespritzungen mit Schafgarbe, Kamille, Löwenzahn und Brennnessel – genau in dieser Reihenfolge.

Ganz wichtig ist außerdem, dass an Wurzeltagen gepflanzt und gehackt wird und, wie schon im Tipp vorhergesagt, bekommen die Kartoffeln dreimal an Wurzeltagen das Kieselpräparat. Wir haben dann keine Ausfälle. Wir pflanzen übrigens keine Frühkartoffeln, da wir gesunde und gute Kartoffeln bis zum August aus dem Lager holen können (siehe Seite 92).

Bestes Pflanzgut von Kartoffeln selbst ernten

Um gute Saat-Kartoffeln zu ziehen, wird gepflanzt, wenn Sonne und Mond im Widder stehen. Die Sonne befindet sich in der Gegenwart vom 18. April bis zum 12. Mai vor dem Widder. Der Mond zieht jedes Jahr unterschiedlich vor dieses Sternbild. Das ist in unseren Aussaattagen nachzuschlagen. Pflanz-Kartoffeln müssen dichter gepflanzt werden, damit die Früchte kleiner bleiben.

Brokkoli liebt Blütentage

Beim Brokkoli könnte man leicht annehmen, dass es sich um eine Blattpflanze handelt. Viele Versuche zeigten immer wieder, dass dieses Gemüse zu den Blütenpflanzen gehört, also an Blütentagen gesät, gepflanzt, gehackt und auch gepflegt werden will.

Dann wächst Brokkoli am gesündesten, mit Schädlingen gibt es keine Probleme und er bringt die höchsten Ernten.

An diesen beiden Bildern können wir deutlich erkennen, dass der Brokkoli zu den Blütenpflanzen gehört.
Oben ein schöner „Einzelkopf" bei Aussaat an Blütentagen, unten eine stark verzweigte Pflanze von Blatttagen.

Größere Feldversuche säen wir mit der Maschine.

Puffbohne früh säen

Die bei uns beliebte Puffbohne gehört zu den Fruchtpflanzen. Sie kann gesät werden, sobald der Boden offen (also nicht mehr gefroren) ist. Am besten an Fruchttagen, wenn die Sonne im Wassermann steht (Sonne vor Wassermann vom 14. Februar bis 10. März).

Erbsen, Stangen- & Buschbohnen

Erbsen können wir in unserem Klima in Biedenkopf erst ab Ende April direkt ins Freiland säen. Wichtig: Aussaat an Fruchttagen.

Bei Erbsen können wir den Ernteertrag stark steigern, wenn wir das Hornkiesel-

Ölversuche machen wir seit vielen Jahren. Aus diesem Kürbis gewinnen wir die Samen für die Ölherstellung.

präparat an Fruchttagen spritzen, eine deutlich niedrigere Ernte erzielten wir in Versuchen, wenn Kiesel an Blatttagen gegeben wurde.
Bohnen sind frostempfindlich und werden erst nach den Eisheiligen im Mai ins Freiland gesät.

Mais liebt fruchtbaren Boden

Mais, eine Fruchtpflanze, wird im Mai gesät, aber nicht zu früh. Für die Aussaat Fruchttage wählen. Damit wir viel ernten können, muss der Boden fruchtbar sein. Die Beete bekommen im Herbst Kompost – pro 10 m^2 zwei Eimer reifen Kompost (siehe Seite 78 f.).

Sonnenblume, Raps & Lein

Das beste Wachstum und den höchsten Samenertrag bei Ölfrüchten bekommen wir, wenn wir sie an Fruchttagen aussäen. Wollen wir Öl gewinnen, ist es ratsam, die Hackarbeiten und das Spritzen mit Kiesel an Blütentagen vorzunehmen. Der Ölertrag liegt dann höher.

Weinreben stecken

Wir haben in verschiedenen Versuchen die beste Zeit gesucht, um Stecklinge zu schneiden und zu stecken. Dabei fanden wir immer wieder das gleiche Bild: In den ersten Stunden, wenn der Mond vor den Zwillingen steht, aber noch aufsteigend ist, sollte man die Reiser schneiden. Man muss sie einige Tage kühl aufbewahren und sie stecken, wenn der Mond vor Löwe steht. Sie bilden dann schnell Wurzeln und entwickeln schöne und gesunde Pflanzen, die viele Reben tragen.

Hier Ergebnisse von Versuchen mit Weinstecklingen. In den beiden linken Töpfen wurden die Stecklinge an Fruchttagen gesteckt, in den beiden rechten an Wurzeltagen – jeweils während der Pflanzzeit. Nur die linken Pflanzen haben sich schön bewurzelt. Es lässt sich deutlich der positive Einfluss der Fruchttage nachweisen.

Ein lebender Zaun

Ganz einfach lässt sich aus Weidenstangen ein lebendiger Zaun herstellen. Die „Stecklinge“ werden im März während der Pflanzzeit 30 cm tief über Kreuz in den Boden gesteckt. Schnell treiben die Zweige aus und bilden bald einen dichten Zaun.

So sah unser Zaun aus Weidenstecklingen im ersten Pflanzjahr aus.

Erde aus Brennnesselkompost ist vor allen Dingen für Rosen wichtig.

Brennnesselkompost

Die beste Erde für die Anzucht von Gemüse und Kräutern können wir aus reinem Brennnesselkompost gewinnen. Wichtig: Es werden nur Brennnesseln kompostiert, kein anderes organisches Material darf untergemischt werden. Der reife Kompost eignet sich auch vorzüglich für die Pflege von Rosen und Erdbeeren.
Eine ähnlich gute Erdqualität bekommt man nur bei gut gelungenem (!) Fichtennadelkompost.

Saatzeiten für Bäume und Sträucher

Für die Aussaat und Pflanzung werden in der Regel Tage in der Pflanzzeit gewählt. Zusätzlich leben die Bäume „mit“ den einzelnen Planeten. So haben sich Birke, Linde, Robinie, Birne und Lärche Venus und Merkur ausgesucht. Ahorn, Rotbuche, Edelkastanie und Apfel werden durch Jupiterkräfte beeinflusst. Die Nadelgehölze, Hainbuchen, Schlehe und Pflaume orientieren sich am Saturn.

In der Wachstumszeit brauchen wir alle Hände, um mit der Arbeit fertig zu werden.

Im Gewächshaus können Ameisen manchmal auch zu richtigen Plagegeistern werden.

Bäume wie Sauerkirsche, Rosskastanie, Walnuss und Eiche haben den Mars gewählt.
Für die beste Aussaat entscheiden wir uns nach Möglichkeit für Oppositionstage der jeweils genannten Planeten (Wandler).
In unserer jährlich erscheinenden Schrift „Aussaattage“ haben wir für Sie die besten Tage zusammengestellt.

Extra-Tipp zur Ameisenbekämpfung

Immer wieder haben wir mit Ameisen im Gewächshaus zu kämpfen. Wir gießen dann viel Wasser über die Stellen, wo die Ameisen ins Gewächshaus hineinkommen.
Fürs Haus gibt es auch einen guten Tipp: Man legt dort, wo sie hineinlaufen, Brennnesseln hin oder spritzt Brennnesseljauche.
Nach unseren Forschungen kommen Ameisen vor allem auf Böden vor, die nur wenig Humus enthalten. Haben Sie Probleme mit diesen Tieren, dann arbeiten Sie reifen Kompost in den Boden ein. Wollen sie immer noch nicht weichen, dann gießen Sie öfter mit Brennnesseljauche. Das mögen Ameisen überhaupt nicht.
Ameisen bezeichnet man auch als Naturpolizei. Sie nagen tote Tiere bis auf die

Knochen ab. Manchmal kann man sogar beobachten, dass sie zu ungeduldig sind, um den Tod abzuwarten. Sie überfallen kleine und geschwächte Tiere, bevor sie gestorben sind.

Extra-Tipp für Gänsehalter

Als kleines Mädchen wurde mir von meinem Vater die wichtige Bedeutung der Brennnessel gezeigt. Unser Gänsepaar hieß Lieschen und Johann. Wenn sie sich nach vier Wochen Brüten und Wachestehen von Johann über ihre zahlreichen golden leuchtenden Gänschen freuten, musste ich dafür sorgen, dass das auch so blieb. Außer dem täglichen Gänsehüten, hatte ich jeden Tag einen Korb voll Brennnesseln zu sammeln, die in den ersten Wochen mit der Hand fein geschnitten, später mit der Häckselmaschine zerkleinert und dann verfüttert wurden. Die kleinen Gänslein fraßen so lange, bis der Kropf prall gefüllt war. Alle waren immer gesund und wuchsen prächtig und schnell heran.

Stolze Gänsemutter mit ihren fünf Gänslein

DER SOMMER

BESONDERE TAGE IM SOMMER

Der Sommer gehört zu den schönsten Jahreszeiten. Leider können wir die warmen Tage oft nicht genießen, sondern müssen von morgens bis abends im Garten und auf dem Acker nach unseren Pflanzen schauen. Aber es gibt immer wieder Abende, die wir einfach mit Nichtstun am Lagerfeuer verbringen und an der Natur erfreuen wir uns jeden Tag.

Im Sommer 1980 hatte ich ein kleines Körbchen Mirabellen geschenkt bekommen. Sie schmeckten so gut, dass ich beschloss, die Kerne zu trocknen und auszusäen. Im Winter 1980 kamen die Kerne an sechs verschiedenen Planetenoppositionen in den Boden. Inzwischen haben wir große Bäume mit diesen sechs verschiedenen Sorten. Wir können jedes Jahr wunderbare Früchte in diesen sechs Farben ernten. Alle schmecken ausgezeichnet.

Johanni

Der Johannistag (24.6.) ist auch heute noch ein sehr wichtiger und weit bekannter Tag für Gärtner und Gärtnerinnen. Nach dem 24.6. wird kein Spargel und auch kein Rhabarber mehr geerntet, damit die Pflanzen genug Kraft fürs nächste Jahr sammeln können. Rhabarber entwickelt Säuren, die man nicht essen sollte.
Früher war dieser Tag sehr wichtig für die Kamillenernte. Drei Tage vor Johanni bis drei Tage danach pflückten wir die Blütenköpfchen, da sie dann noch ganz gesund waren. Kurze Zeit danach legte die „Fliege" ihre Eier in die Köpfchen ab, aus denen sich dann die Maden entwickelten. Jetzt war es mit der Heilkraft der Kamille nicht mehr weit her.

Wenn es geregnet hat und diese Nebel im Wald aufsteigen, dann gibt es noch mehr Regen.

Die Hundstage

Für die Hundstage vom 23. Juli bis 23. August kennt man viele Bauernregeln, deren Wahrheit in Versuchen einmal geklärt werden müsste. Wir haben früher an diesen Tagen Schafgarbe, Wiesenknopf und Haselnüsse gesammelt. Warum? Das war einfach so.

Der Siebenschläfer

Der Siebenschläfertag ist am 27. Juni. Die Bauernregel dieses Tages ist allgemein bekannt: „Regnet's am Siebenschläfertag, es noch sieben Wochen regnen mag." Wichtig ist, dass sich diese sieben Wochen nur auf den Regen beziehen, nicht aber auf den Sonnenschein. Das heißt: Scheint die Sonne am 27. Juni, bleibt es zwar trocken, aber die Sonne muss nicht unbedingt sieben Wochen lang jeden Tag scheinen.

Ernte am Siebenschläfer

Zu meiner Jugendzeit war es gang und gäbe, dass am Siebenschläfer die Blüten von Mädesüß, Sommerlinde und Holunder (Fliederblüte) gesammelt wurden. Die Tees von diesen Blüten gab man Kranken, die ordentlich ins Schwitzen kommen sollten.

TIPPS ZU DEN EINZELNEN PFLANZEN

Vorbereitung für einen Vergleichsversuch zwischen „normalen" Aussaatzeiten und Aussaaten während der Finsternisse. Die Parzellen sind 5 m² groß. Über vier Wochen säen wir laufend aus. Während dieser Wochen hatten wir drei Finsternisse. Die Ergebnisse zeigten deutlich, dass Finsternisse für die Aussaaten ungeeignet sind.

Salatsamen fürs nächste Jahr selbst ernten

Will man Samen selbst gewinnen, werden die Salatpflanzen an Blatttagen gesät, gepflanzt und gehackt – so lange, bis sich richtig schöne Köpfe entwickelt haben. Nun wählt man nur die schönsten und größten Salatköpfe aus. Die kleinen sind für die Samenernte ungeeignet. Die Pflanzen aus diesen Samen bringen auch wieder nur kleine Köpfe.
Die großen Köpfe werden nun an Fruchttagen gehackt und weitergepflegt. Für die Samenernte jedoch Blatttage wählen. Das

sind die besten Voraussetzungen für gutes Saatgut, das große und gesunde Kopfsalate im nächsten Jahr bringt.

Meine Lieblingskräuter

Wenn ich nach meinen Lieblingskräutern gefragt werde, fallen mir jede Menge Namen ein. Aber meine ausgemachten Lieblinge sind nach genaueren Überlegungen doch Dill, Fenchel, Petersilie, Kerbel, Koriander und Anis.

Kohlweißlinge können Tomaten nicht leiden.

Kohlweißlingen den Appetit verderben

Der Kohl wird bei uns an Blatttagen gesät und gepflanzt. Auch für alle Pflegearbeiten – wie Hacken und Spritzen mit unseren Präparaten – wählen wir Blatttage. Das sorgt für eine gute Pflanzengesundheit, reicht aber nicht immer aus, um die Kohlweißlinge fernzuhalten. Sie riechen den Kohl meilenweit und es ist immer wieder erstaunlich, wie die Schädlinge eines Tages einfach auf dem Kohlbeet angekommen sind. Daher pflanzen wir vorbeugend in einer Anlage von 200 m^2 vier Tomatenpflanzen mitten hinein. Kohlweißlinge verabscheuen den Tomatengeruch und suchen sich dann lieber einen anderen Tisch. Es lohnt sich auch, abgebrochene Tomatentriebe in die Beete zu legen.

Wermuttee, gespritzt auf Kohlweißlingsraupen, bietet in Trockenzeiten zusätzlichen Schutz gegen Fraßschäden am Kohl.

Kohlrabis von ungeeigneten Konstellationen bei der Aussaat. Links von einer Marsfinsternis, in der Mitte von einer Mars-Plutooppostion, rechts von einer Neptunfinsternis.

Finden Sie in Trockenzeiten trotz all dieser Bemühungen noch die Raupen der Kohlschädlinge in Ihrem Beet, dann kochen Sie einen Wermuttee (1 g auf 5 l Wasser, zehn Minuten kochen, abkühlen lassen und abseihen, dann ist er gebrauchsfertig). Spritzen Sie den Tee direkt auf die Schädlinge, das mögen sie gar nicht und verschwinden dann endgültig.
Um Kohl zu kräftigen und ein gutes Aroma in den Köpfen zu bekommen, empfehlen wir den Sommer über Tee aus Schafgarbe, Kamille, Brennnessel und Löwenzahnblüte einmal an Blatttagen zu spritzen (Rezepte siehe Seite 34 f.). Es wird aber immer nur ein Tee am gleichen Tag gespritzt.

Schönen Rosenkohl ernten

Rosenkohl im eigenen Hausgarten zu pflegen, ist oft gar nicht so einfach. Wir haben festgestellt, dass man Rosenkohl nicht so stark düngen darf, sonst geht alles in die Blätter und bleibt nicht in den Blattachseln sitzen. Eben dort, wo sich der neue kleine Rosenkohl entwickelt. Wenn dieses Gemüse nicht gelingt, liegt es oft daran, dass zu viele Nährstoffe gegeben wurden.

Blumenkohl liebt es nährstoffreich

Im Gegensatz zum Rosenkohl braucht Blumenkohl guten Dünger im Herbst. Ansonsten gelingt er nicht gut. Diese Kohlart wird an Blatttagen gesät und gepflegt. Wir decken übrigens die Blume nicht mit einem Kohlblatt ab.

Gut schmeckende Möhren ernten

Schauen Sie immer wieder einmal nach Ihren Möhrenpflanzen. Wenn sich der Wurzelhals über die Erde schiebt, muss er wieder mit Erde bedeckt werden. Warum? Unbedeckte Hälse vergrünen und schmecken später nicht. Außerdem lockt der grüne Möhrenhals Schädlinge an. Grund genug für einen Kontrollgang im Garten.

Ringelblumen-Blüten zur richtigen Zeit ernten

Wir haben Calendula-Blüten (Ringelblumen-Blüten) zu verschiedenen Zeiten gepflückt und folgende Regeln immer wieder bestätigt gefunden: Ernten wir an Fruchttagen, dann regen wir die Pflanzen zur neuen Blütenbildung an, aber diese Blüten haben das Bestreben, schnell Samen zu bilden.

Das sind sibirische Gurken. Ich hatte einige Samen aus Russland mitgebracht, weil ich sehen wollte, wie sich diese Sorte bei uns entwickeln würde. In Sibirien ist der Sommer sehr kurz, daher hatten die Früchte nur gut zwei Monate Zeit – von der Aussaat bis zur Ernte. Auch bei uns in Dexbach konnten wir die kleinen Gurken schon nach zwei Monaten ernten.

Pflücken wir an Blatt- oder Wurzeltagen, reagiert die Pflanze mit verminderter neuer Blütenbildung. Nehmen wir die Blüten aber an Blütentagen ab, dann bildet die Pflanze zahlreiche neue Blüten, die nicht sofort mit der Samenbildung beginnen. Also Blütentage wählen!

Rosen gesund halten

Viele Rosen – besonders die Edelrosen – können leicht Sternrußtau, Mehltau oder Rosenrost bekommen. Wichtige Voraussetzung für die Rosengesundheit ist: Alle Arbeiten, die an Rosen anfallen, müssen an Blütentagen vorgenommen werden – von der Pflanzung bis zum Schnitt.

Ein befreundeter Rosenspezialist aus Baden-Baden machte folgende Erfahrungen. Seine Rosen blieben weitgehend gesund, wenn er sie während des Wachstums mit Brennnesseltee spritzte und ihnen im Herbst reifen Brennnesselkompost gab. Dieser Kompost war nur aus Brennnesseln hergestellt und wurde völlig vererdet im Herbst an die Rosen gegeben und leicht eingearbeitet.

Meine Enkelin Titia, die sich in üppig wachsenden Rosen verstecken will.

Tomaten lieben Tees

In zahlreichen Versuchen konnten wir feststellen, dass Tomaten durch Tees aus Brennnessel und Eichenrinde besser wachsen und gesünder bleiben. Brennnesseltee steigert den Vitamin-C- und Zucker-Gehalt in den Früchten. Löwenzahntee verbessert das Feinaroma und Schafgarbentee sorgt für mehr Früchte pro Pflanze.

Und so behandeln wir unsere Tomaten: Wenn die Tomaten ausgepflanzt sind, spritzen wir fein verdüst an Blatttagen abends einmal Brennnesseltee und danach an Blütentagen morgens Kamillen- und Löwenzahntee (jeweils einmal). An Fruchttagen geben wir einmal Schafgarbenblütentee und danach dreimal an Fruchttagen Kiesel (nur aufs Blatt gespritzt). Wir haben nach dieser Behandlung niemals Probleme mit Schädlingen oder Krankheiten – auch nicht mit der gefürchteten Krautfäule der Tomaten (Tee-Herstellung, siehe Seite 34 f.).

Tomaten wollen ausgegeizt und hochgebunden werden.

Die beste Erdbeerpflege

Unsere Erdbeeren bekommen nach der Ernte reifen Kompost. Dazu legen wir die Erdbeerranken in die Erdbeerreihen ordentlich hinein. Dann wird der Kompost vorsichtig daneben ausgebracht und eingearbeitet, am besten an Fruchttagen in der Pflanzzeit. Zwei Eimer für 10m^2. Der Kompost darf nicht auf die Blätter gegeben werden. Die Zwischenräume werden noch zwei- oder dreimal gehackt. Wir geben an den Hacktagen dann einmal Hornmist und zweimal das Kieselpräparat – einmal am Morgen und einmal am Nachmittag. Im nächsten Frühjahr müssen wir noch das Unkraut entfernen, mehr ist nicht zu tun.

Die beste Zeit, Erdbeeren mit Kompost zu düngen, ist an Fruchttagen in der Pflanzzeit nach der Ernte.

Wir mähen die Blätter nie ab. Die welken Blätter bleiben als Polster für die nächsten Früchte, damit diese dann nicht auf der Erde liegen.

Unsere Erdbeerpflanzen bleiben sieben bis acht Jahre stehen. Sie verjüngen sich durch eigene Ableger ganz von selbst. Wir lassen die Erdbeeren aber nicht länger als acht Jahre stehen, danach nimmt die Qualität und Erntemenge der Pflanzen ab.

Getreide wächst besser mit Tees

Wie Weizen, Hafer und Roggen auf Teespritzungen reagieren, war für uns von besonderem Interesse. Wir konnten feststellen, dass Winterweizen Kräuter wie Schafgarbe, Brennnessel, Löwenzahn, Baldrian und Schachtelhalm liebt.

Hafer hat sich für Schafgarbe, Brennnessel und Löwenzahn entschieden. Er wächst besser und gesünder, der Kornertrag erhöht sich.

Sommerweizen reagiert positiv auf Schafgarbe, Brennnessel und Löwenzahn. Beim Sommerroggen haben sich Spritzungen mit Tees aus Schafgarbe, Löwenzahn und Brennnessel sehr bewährt. Er blieb gesünder und der Ertrag war höher (Tee-Herstellung, siehe Seite 34 f.).

An Getreide, wie hier dem Weizen, haben wir viele Teeversuche durchgeführt. Sommerweizen hat sich für Tee aus Schafgarbe, Brennnessel oder Löwenzahn entschieden.

Altes Saatgut

Wir hatten dieses Jahr altes Saatgut von Kürbis und Zucchini und, wie das so bei uns Gärtnern ist, wollten wir es nicht wegwerfen. Also einfach dichter säen. Doch man darf sich nicht darauf verlassen, dass dann viele Samen nicht keimen. Nein. Bei uns keimten so viele, dass wir es fast nicht glauben wollten: War der Samen wirklich alt gewesen? Und jetzt der zweite Fehler, wir konnten die Jungpflanzen einfach nicht ausreißen. So standen die Pflanzen letztendlich viel zu dicht und überwucherten schnell Gartenbereiche, die dafür nicht vorgesehen waren. Na, nach einer Wachstumsperiode ist – schließlich – alles vorbei. Also ließen wir sie wachsen.

Rezept für Roggenbrot

Für unser Roggenbrot haben wir ein bewährtes Rezept entwickelt.

Vorteig: Ein gehäufter Teelöffel mit Blütenhonig wird in einem Glas mit Wasser, das 50 °C heiß ist, gut eingerührt. Jetzt geben wir 250 g feinen Roggenschrot dazu. Wir bereiten diesen Vorteig am Abend vor und stellen ihn über Nacht warm bei 28 bis 30 °C in die Nähe von Ofen, Herd oder Heizung. Am nächsten Morgen werden 250 g Roggenschrot und 250 ml warmes Wasser

Ein Brotansatz an Fruchttagen garantiert bestes Roggenbrot.

In den Sommermonaten haben wir wenig Ruhe. Die Versuchsfelder werden täglich besucht und kontrolliert.

oder Molke dazugegeben. Abends werden 125 g Roggenmehl und 125 ml Wasser untergemischt. Jetzt kommen auch Leinsamen, Kümmel oder Fenchel dazu. Alles über Nacht wieder bei 28 bis 30 °C warmhalten.

Teig: Am nächsten Morgen gibt man auf 1 kg Mehl einen gestrichenen Teelöffel Salz dazu und verknetet alles miteinander. Wenn der Teig anfängt aufzugehen, werden die Brote geformt. Diese müssen wieder aufgehen und kommen dann in den vorgeheizten Ofen. Die Brote backen etwa eine Stunde bei 200 °C. Wenn das Roggenbrot diese fünf Stufen durchgemacht hat, also fünfmal aufgegangen ist, dann ist das Brot leicht verdaulich.

Tipp: Von dem fertigen Teig kann man ca. 250 g in einem Tontopf aufheben. Man lässt den Teig noch einmal ein wenig aufgehen, bindet ihn dann mit Papier zu und stellt den Tontopf in den Keller. Bitte nicht in den Kühlschrank, hier ist es zu kalt. Jetzt kann man nächste Woche erneut Roggenbrot

Unser Roggen für bestes Roggenbrot. Sommerroggen liebt Tee aus Schafgarbe, Brennnessel oder Löwenzahn.

backen. Man mischt einen Teelöffel Honig in ein Glas warmes Wasser, gibt es in den Teig, vermischt beides und stellt alles warm. Am Abend kann man den Teig herstellen und wenn der gerade anfängt aufzugehen, werden die Brote geformt. Der übrige Ablauf ist wie vorher beschrieben mit diesmal vier Aufgehstufen.

Ganz wichtig: Der Backraum muss warm genug sein (28 bis 30 °C), ansonsten wird Ihnen das Brot nicht gelingen.

Nach unserer Erfahrung wird der Roggenschrotansatz besonders gut und geht schnell, wenn man ihn an einem Fruchttag herstellt. Einmal verklemmte der herausquellende Teig die Tür unserer Backstube. Damals war eine Marsfinsternis. Auch bei einer Venusfinsternis konnte ich feststellen, dass der Roggenteig besonders gut ging und schnell über die Schlüssel hinausstieg, aber ein ganz schlechtes Brot brachte.

Porträt Rote Bete

Rote Bete gehören zur Gruppe der Wurzelpflanzen, werden also an Wurzeltagen gesät, gehackt und geerntet. Sie lieben einen humosen Boden, mögen aber keinen Dünger. Je eine Spritzung mit Brennnessel-, Schafgarben-, Löwenzahn- und Eichenrindentee (in dieser Reihenfolge) an Wurzeltagen erhöht den Ernteertrag und verbessert nachweislich die Qualität der geernteten „Wurzeln".

Wir essen gerne rohen Rote-Bete-Salat, fein geraspelt, verfeinert mit Koriander und geriebenen Äpfeln und Zwiebeln. Für ältere Menschen empfiehlt es sich, die Rote Bete vorher zu kochen. Im Winter sollte man diesen Salat öfter essen, das beugt Erkältungskrankheiten vor.

Wenn Ziegen und Schafe Würmer bekommen, haben wir ein spezielles Mittel aus Roter Bete.

Pflanzen, die zwei Tage vor Vollmond gesät, gehackt und geerntet wurden, gibt man den Tieren auch wieder zwei Tage vor Vollmond bis Vollmond. Vier Wochen später muss man die Prozedur wegen vorhandener Eier wiederholen. Meistens konnte man damit die Tiere wurmfrei bekommen.

Bei Kindern, die unter Wurmbefall leiden, kann man es mit normaler Roter Bete versuchen, die vor Vollmond gegessen werden sollte.

Unser Ölraum. Das Öl pressen wir selbst, zum Beispiel aus Sonnenblumenkernen oder Ölkürbiskernen. Wir stellen die unterschiedlichen Ölmengen innerhalb der Aussaatversuche fest und untersuchen die Inhaltsstoffe und die Qualität des Öles in unserem eigenen Labor.

IM HERBST

DER BODEN

Die richtige Bodenvorbereitung spielt im Garten eine große Rolle. Natürlich, schließlich ist die gute Erde die Grundvoraussetzung für reiche Ernten und schöne Blüten.
Wir geben den reifen Kompost im Herbst auf die Beete. 5 kg gut vererdeter Kompost passt in einen 10-Liter-Eimer. Und dieser Eimer reicht für etwa 5 m^2. Eine normal große Schubkarre kann glatt mit 40 kg beladen werden, das reicht für 40 m^2. Wir empfehlen, diese Menge jedes zweite Jahr zu geben, dann ist der Boden bestens versorgt. Den Kompost leicht einarbeiten.

Im Frühjahr werden die Beete nach dem Abtrocknen und etwa zehn Tage vor der Aussaat oder Pflanzung etwa 10 cm tief durchgearbeitet, um den Boden krümelig vorzubereiten.
Bitte beachten Sie, dass bei Pflanzen, von denen Sie Samen ernten wollen, immer wieder Kompost verwendet wird, der auch tierische Substanzen beinhaltet. Wir haben in Versuchen festgestellt, dass Kopfsalat keine Köpfe mehr ausbildet, wenn man ihn nur mit Pflanzenkompost gedüngt hat. Falls man einen stark verunkrauteten Boden hat,

Unkrautbekämpfung

1. Beet wird im Frühjahr bei Mond vor Löwe bearbeitet.
2. Die Unkräuter keimen nach der Bodenbearbeitung sehr schnell und können leicht entfernt werden, bevor unsere Kulturpflanzen gesät werden.

dann wird der Boden bei Mond vor Löwe bearbeitet. Schnell keimen jetzt die Unkräuter, die dann problemlos entfernt werden können.
Im Frühling erhalten unsere Böden keine Düngung und auch keinen Kompost. Das hat sich in verschiedenen Versuchen immer wieder als ungünstig erwiesen. Das Triebwachstum wird bei frühjährlichen Kompostgaben sehr angeregt, was Krankheiten und Schädlinge anzieht.
Nicht vergessen: Böden, auf denen Möhren wachsen sollen, bekommen keinen Kompost (siehe Seite 147).

TIPPS ZU DEN EINZELNEN PFLANZEN

Wildfrüchte ernten

Am 29. September feierten wir früher den Tag des Erzengels Michael, des Drachentöters. Nach der Kirche durfte man nicht müßig sein, sondern musste die Wildfrüchte Hagebutten, Weißdornbeeren, Ebereschen, Holunder- und Wacholderbeeren pflücken. Walnüsse, Kastanien, Maronen, Eicheln und Bucheckern durften erst eingesammelt werden, wenn die Bäume sie abwarfen. Und das, so sagte man früher, sei jedes Jahr etwas anders, da es mit den Sternen zusammenhängen würde.
Schlehen dagegen konnten wir erst am Martinstag (11.11.) pflücken, denn die wurden erst richtig süß, wenn sie einige Frostnächte erlebt hatten.

Günstige Konstellationen beim Anbau der Mutterpflanze, die den Samen gegeben hat, wirkt sich positiv auf den Nachbau aus.

Den letzten Endivien-Salat zu Weihnachten

Wenn wir zu Weihnachten noch Endivien ernten wollen, dann muss Anfang September zum letzten Mal im Jahr gesät werden. Der Salat wächst ab Ende November nicht mehr, kann aber mit Fichtenzweigen abgedeckt bis Weihnachten stehen bleiben.

Endivien-Salat kann man bis Weihnachten genießen, wenn er mit Fichtenzweigen abgedeckt wird.

Chicorée für den Winter

1. Oktober: Die oberirdischen Teile der Chicorée-Pflanzen werden etwa 5 cm über dem Wurzelhals abgeschnitten.
2. Dann die Pflanzen 2 cm mit Erde, Stroh und schwarzer Folie abdecken.
3. Damit die hellen Triebe wachsen, wird die Folie nach und nach weggenommen.

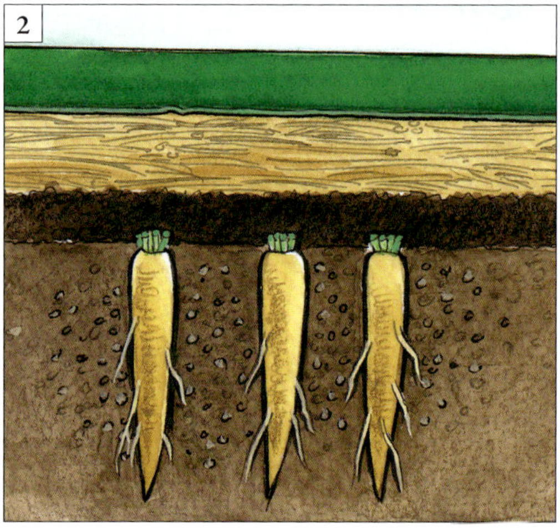

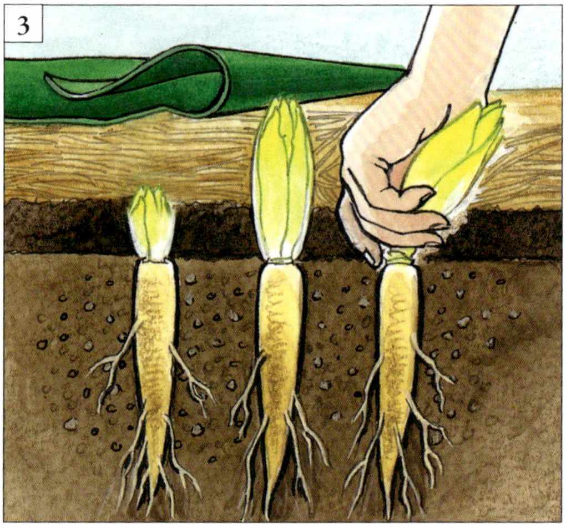

Grünkohl – gesundes Wintergemüse

Um den winterlichen Speiseplan mit frischem Gemüse zu bereichern, säen wir im Juni Grünkohl. Er gehört zu den Blattpflanzen, muss also an Blatttagen gesät, gepflanzt und gehackt werden. Im Oktober und November ist der Grünkohl erntereif, kann aber auch erst im Januar reingeholt werden. Am besten schmeckt er nach den ersten Nachtfrösten.

Chicorée – fast den ganzen Winter über

Chicorée ist ein dankbarer Wintersalat, der einfach im Gewächshaus gezogen werden kann. Dazu pflanzt man im Oktober die Pflanzen ins Kalthaus ein. Die oberirdischen Teile werden etwa 5 cm über dem Wurzelhals abgeschnitten. Die Pflanze wird 2 cm mit Erde bedeckt, dann kommt Stroh darüber und schließlich wird mit schwarzer Folie abgedeckt. Wenn die anderen Salate abgeerntet sind, decken wir nach und nach ein Stück der Folie auf. Die Chicorée-Triebe wachsen jetzt durch das Stroh durch und können geerntet werden.

Knoblauch – bei uns selten

Wir bauen nur wenig Knoblauch an, obwohl er uns eigentlich gut schmeckt (siehe dazu auch Seite 105). Er kann leicht im November an Wurzeltagen in der Pflanzzeit gesteckt werden und bleibt dann über den Winter einfach draußen stehen. Knoblauch gehört zu den Wurzelpflanzen.

Speisezwiebeln fürs nächste Jahr

Die im September gesäten Speisezwiebeln sind im November zu kleinen Zwiebelchen herangewachsen. Jetzt nimmt man sie aus

Zwiebeln müssen ganz trocken sein, bevor man sie erntet. Hier müssen wir noch ein wenig warten.

Oben: Diese Zwiebeln sind im Frühjahr bei einer Planetenopposition gesteckt. Sie entwickelten sich zu großen Zwiebeln, die im Herbst bei Mondstand Löwe geerntet und als ausgewachsene Zwiebel überwintert wurden. Im zweiten Frühjahr pflanzen wir sie bei Mondstand Löwe zur Samengewinnung. Dabei teilen sie sich im zweiten Jahr in acht Teile auf. So kann man ein Vielfaches an Samen gewinnen. Leider gibt es diese Oppositionen um die Zeit, wenn die Zwiebeln gesteckt werden, nicht alle Jahre.

der Erde heraus und lagert sie in einem trockenen Raum. Im Frühjahr werden sie an Wurzeltagen gesteckt, gehackt und mit Kiesel gespritzt.

Topinambur – Kartoffelersatz

Topinambur entwickelt ähnlich wie Kartoffeln an seinen Wurzeln Knollen, die wie Kartoffeln verwendet werden können. Die Pflanze gehört zu den Wurzelpflanzen, wird also an Wurzeltagen gelegt und gepflegt. Im Sommer zeigt Topinambur wunderschöne Blüten, die wie kleine Sonnenblumen aussehen. Im Herbst ernten wir die Knollen, lassen aber einige im Boden, damit sie im nächsten Jahr wieder neue Pflanzen bilden können.

Topinambur-Ernte

Wir bereiten Topinambur wie Kartoffelbrei zu und würzen mit Salz. Zu empfehlen ist es, Gewürze und Kräuter beizumengen, je nach Geschmack Majoran, Basilikum oder etwas Muskat. Man kann auch Scheiben in die Pfanne schneiden und sie wie Bratkartoffeln genießen.

Topinambur entwickelt sehr schöne Blüten.

Schöne Blütenpflanzen im Garten

Wir haben festgestellt, dass unsere Blumen immer dann besonders reich blühten, wenn ihre Beete im Herbst gut vererdeten Kompost bekommen hatten. Es kann reiner Pflanzenkompost sein, weil wir schließlich keine wuchernden Blätter haben wollen.
Aber Blumen mögen es auch, wenn dem Kompost Vogeldünger (Hühnermist, Tau-

Sonnenblumen (oben), Hibiskus (Seite 184 oben), Tulpen (Seite 184 unten) sind Blütenpflanzen. Mit Kompost an Blütentagen werden sie besonders schön.

benmist oder Guano) zugesetzt wurde. Man muss eben nur darauf aufpassen, dass der Kompost während der Rotte immer gut feucht gehalten wird, da Vogeldünger stark erhitzen. Der Kompost muss gut vererdet sein, bevor er auf die Blumenbeete ausgebracht werden darf. Mit einer Kralle oder Egge wird er während der Pflanzzeit im Herbst flach eingearbeitet. Nach einigen Wochen gräbt man um. So können die Bodenorganismen im Winter den Kompost mit dem Boden „verbauen" und eine wunderbare Bodenstruktur entsteht.

Im Frühjahr wird der Boden noch einmal flach durchgearbeitet und an Blütentagen in der Pflanzzeit kann gesät oder gepflanzt werden. Auch alle anderen Pflegearbeiten sollen an Blütentagen durchgeführt werden. So erhalten wir prächtige und lang blühende Blumen.

Winterharte Blumenzwiebeln

Winterharte Zwiebel- und Knollenpflanzen werden im Herbst gesetzt. Wählen Sie Blütentage während der Pflanzzeit. Das bringt Gesundheit und Blütenpracht im nächsten Jahr. Wir legen Zwiebeln sogar bis in den Dezember hinein, wenn der Boden nicht gefroren ist.

Dahlien und andere nicht frostharte Pflanzen bitte erst im Frühjahr setzen, ansonsten gelten aber dieselben Regeln.

Rosen winterfest machen

Im Spätherbst wird es höchste Zeit, den Rosen Kälteschutz zu geben. Dafür braucht man Fichtenzweige. Wir haben eine gut wüchsige Kletterrose an unserer Hauswand, die bei uns auch ohne Winterschutz schon seit Jahrzehnten ohne große Schäden den Winter übersteht.

Das Obstjahr beginnt jetzt

Anfang November beginnt bei uns das Obstbaujahr. Zunächst wird 100 Doppelzentner reifer Kompost pro Hektar gegeben. Nach dem Laubfall sind drei Bodenbearbeitungen (Hacken oder Fräsen) an Fruchttagen empfehlenswert. Gleichzeitig sollte mit dem Fladenpräparat mit der verdünnten Baumpaste gespritzt werden (Rezept Seite 86).

Im März wird das Hornmistpräparat dreimal an Fruchttagen zur Bodenbearbeitung auf Stämme und Äste gespritzt.

Wenn sich im Frühjahr die ersten Blätter entwickeln, dann spritzt man einmal an Blatttagen gegen Abend mit Brennnesseltee.

Nach der Blüte kann die erste Kieselpräparat-Spritzung auf die Blätter gegeben werden. An einem Fruchttag sollte man eine halbe Stunde vor Sonnenaufgang mit dem Rühren beginnen, eine Stunde rühren und dann sofort spritzen.

Hier die Gurkensorte 'Delikatess', die wir zur Samengewinnung ganz reif werden lassen.

An Blütentagen kann im Folgenden frühmorgens einmal Löwenzahnblütentee und einmal Kamillentee gespritzt werden und an Fruchttagen – unabhängig vom Kieselpräparat – Schafgarbenblütentee. Im Laufe des Juli muss man zur Unterstützung der Knospenbildung noch einmal an einem Fruchttag das Kieselpräparat spritzen. Damit fördert man die Knospenbildung. Der Sommerschnitt kann an Fruchttagen während der Pflanzzeit stattfinden.

Lagerobst erntet man an Blüten- oder Fruchttagen – am besten bei aufsteigendem Mond (Nicht-Pflanzzeit), wenn der Mond vor Schütze oder Widder steht. Nach der Ernte, aber noch vor dem Blattfall, gibt man eine Kieselspritzung an Fruchttagen nachmittags ab 15 Uhr. Das hilft, dass das Holz ausreift, und beugt Pilzbefall im nächsten Jahr vor.

Baumanstrich für Obstbäume und Wein

Rinderfladen und Ton oder Lehm werden zu gleichen Teilen gemischt und mit Molke angerührt. Molke können Sie bei Molkereien bekommen, die auch Käse herstellen. Der Baumanstrich muss so dick wie Leimfarbe sein. Dann trägt man ihn mit einer Anstreicherbürste auf Stämme und dicke Äste auf.

Grüne Tomaten reifen im Gewächshaus nach.

Man kann natürlich auch spritzen, dazu muss die Mischung mit Wasser so weit verdünnt werden, dass sie sehr flüssig ist. Bei Beerensträuchern und Wein können wir nur spritzen, hier streichen wir die Stämme nicht ein.

Schnitt von Bäumen, Sträuchern und Hecken

Wenn Sie Gehölze schneiden wollen, dann wählen Sie unbedingt Tage in der Pflanzzeit. Die oberirdischen Pflanzenteile stehen dann nicht so sehr im Saft. Für Fruchtpflanzen, beispielsweise Äpfel und Wein, sind Fruchttage zu bevorzugen.

Was tun mit grünen Tomaten

Wenn die Blätter erfroren sind, macht es keinen Sinn, die Tomaten weiterhin an der Pflanze zu belassen. Wir ernten die letzten noch grünen Früchte und lassen sie im ungeheizten Gewächshaus in einem Karton aus Pappe nachreifen. Das klappt in der Regel problemlos und versorgt uns im Herbst noch einige Wochen mit eigenen Früchten.

Extra-Tipp Getreide

Ich werde immer wieder einmal gefragt, ob es Wochentage gibt, an denen man ein bestimmtes Getreide am besten essen sollte. Es gibt dazu eine Empfehlung, die aber bitte niemals dogmatisch gesehen werden darf. Es ist nicht schädlich, zum Beispiel Weizen auch montags oder dienstags zu konsumieren. Wichtig: Nur vorher erhitztes Getreide essen!
Sonntag: Weizen (Sonne)
Montag: Reis (Mond)
Dienstag: Gerste (Mars)
Mittwoch: Hirse (Merkur)
Donnerstag: Roggen (Jupiter)
Freitag: Hafer (Venus)
Samstag: Mais (Saturn)
Mit dieser Anordnung hat man eine gute Verteilung der Planetenkräfte für die Ernährung.

Getreide-Tipp

Mond ☽	Montag	Reis	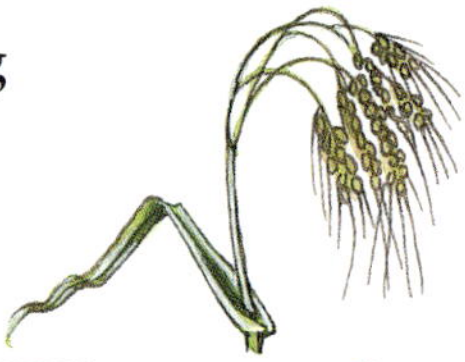
Mars ♂	Dienstag	Gerste	
Merkur ☿	Mittwoch	Hirse	
Jupiter ♃	Donnerstag	Roggen	
Venus ♀	Freitag	Hafer	
Saturn ♄	Samstag	Mais	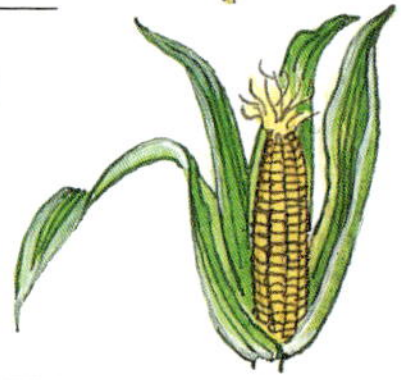
Sonne ☉	Sonntag	Weizen	

Möglichkeit zum Verzehr von Getreidearten an bestimmten Wochentagen. Bitte nicht dogmatisch sehen.

Grundregeln fürs Lagern

Wir lagern Äpfel nie zusammen mit Kartoffeln oder Möhren, weil das Apfelaroma darunter leidet. Beides wird in verschiedenen Räumen aufbewahrt.

Während der gesamten Lagerzeit muss regelmäßig krankes Gemüse oder Obst aussortiert werden. Ein fauler Apfel kann schnell die ganze „Kiste" anstecken. Im Obstkeller werden die Sorten vorn gelagert, die am ehesten reif werden. Der Bohnapfel zum Beispiel hält sich sehr lange. Er kommt im Lager daher nach hinten. Im Herbst ist er wie ein Stein, im Mai/Juni jedoch wunderbar süß.

Die Birnensorten 'Winterbirne' und 'Katzenkopf' halten sich bis Pfingsten. Nur etwas später kommen schon die ersten neuen frühen Birnen.

Auch Kartoffeln halten sich bei uns bis zum August, so lange, bis die neue Ernte kommt. Daher bauen wir keine Frühkartoffeln an. Äpfel, Birnen und Kartoffeln haben wir rund ums Jahr.

Unser Versuchsfeld in Thalacker

Hier ein Hack- und Erntezeitversuch. Noch sieht man keine sehr großen Unterschiede, aber im Lager verhalten sie sich verschieden. Die an Wurzeltagen gehackt und geernteten Früchte zeigen die längste Haltbarkeit.

Unser allerbestes Lager

Das allerbeste Obst und Gemüse erhalten wir aus dem Strohballen. Und das geht folgendermaßen. Wir tragen Strohballen in die Scheune (Dachboden). Die Ballen werden aufgeschnitten und auseinandergenommen. Nun kommen die „Früchte" auf eine Lage Stroh und werden mit eben einer solchen zugedeckt. Auch Körbe und Kisten können einfach zwischen Stroh eingelagert werden. Für dieses Lager eignen sich Äpfel, Zwiebeln, Möhren sowie Weiß- und Rotkohl. Sie werden sich wundern, wie gut die Früchte schmecken.

Äpfel – bitte mit dem Stiel nach oben

Wenn wir Äpfel auf den bekannten Holzstiegen lagern, dann muss man die Früchte einzeln nebeneinanderlegen. Sie dürfen sich ruhig etwas berühren. Ganz wichtig ist es aber, dass die Stiele nach oben zeigen. Birnen lagert man in derselben Art und Weise.

Kohlköpfe lagern

Weißkohl kann hervorragend auf Holzstiegen gelagert werden. Die Pflanze muss mit kurzem Stumpf im Garten geerntet werden. Im Lager weist dieser kurze Stumpf nach unten.

Die beste Lagerart überhaupt: Obst und Gemüse im „aufgemachten" Strohballen lagern.

Äpfel und Birnen werden mit den Stielen nach oben gelagert.

Blumenkohl lässt sich leider nur bis November lagern. Wollen wir ihn im Dezember oder später essen, dann müssen wir einkochen.

Rosenkohl & Grünkohl

Rosenkohl und Grünkohl können bis zum Frühjahr im Garten stehen bleiben. Wie schon vorher erwähnt, schmeckt Grünkohl besser, wenn er die ersten Nachtfröste hinter sich hat. Geerntet wird, je nach Witterungslage, bevor die Kohltriebe auswachsen und im Frühjahr zu blühen beginnen.

Erdlager – ja oder nein?

Gemüse und Obst lassen sich sehr gut in einem Erdlager aufbewahren. Wir haben das früher auch einmal gemacht, sind aber

Kohlköpfe werden mit dem Stumpf nach unten gelagert.

Rosenkohl kann bis zum Frühjahr draußen bleiben.

völlig davon abgekommen. Es ist einfach eine „Heiden-Arbeit“: Lager ausgraben, Kisten rein, Balken drüber, Stroh rein und Erde. Und das Herausholen macht noch einmal Arbeit. Der nächste Tipp zeigt, dass es auch mit wesentlich weniger Aufwand geht.

Wurzelfrüchte auf Holzregalen im Keller lagern

Vor Jahren kamen wir auf die Idee, Möhren nicht in Sand, sondern in Säcken zu lagern, die man bei Raiffeisen-Handlungen kaufen kann. Es handelt sich hier um durchlässige Netz-Säcke, in denen man oft auch im Supermarkt Kartoffeln kaufen kann. Die Lagerung der Netze im Keller war völlig unkompliziert und es war sehr einfach, die verschiedenen Gemüse voneinander getrennt in Holzregalen aufzuheben. Heute kommen Schwarzwurzeln, Möhren, Kartoffeln, Sellerie und Pastinaken in diese Säcke. So halten sich die Gemüse wunderbar lange und lassen sich jederzeit gut portioniert für die Küche verwenden.

Zwiebel-Zöpfe

Zwiebeln werden als Zöpfe oder in Netzsäckchen unter dem Dachvorsprung aufbewahrt, geschützt vor Regen und Schnee. Zwiebeln halten nach unserer Erfahrung bis minus 20 °C aus. In manchen Jahren haben wir bei dieser Lagerart noch schöne Zwiebeln bis August des nächsten Jahres für die Küche.

Unsere Kräutertöpfe

Alle Kräuter holen wir im Herbst rein, um sie zu unseren Kräutertöpfen zu verarbeiten. Sie werden durch den Fleischwolf gegeben – entweder einzeln oder in Mischungen. Auf ein Pfund dieser Kräutermasse geben wir ¼ Pfund Salz. Alles wird gut durchgemischt und kommt in Gläser. Ent-

Geschützt unterm Dach halten Zwiebel-Zöpfe Temperaturen bis minus 20 °C aus.

Viele unserer Lagerversuche haben gezeigt, dass die Zwiebel am liebsten im Freien überwintert. Sie muss nur vor Regen und Schnee geschützt sein.

Wir haben Zwiebeln im Mai aus dem Lager geholt. Deutlich lässt sich der Einfluss der Erntezeit erkennen: links Zwiebeln von Wurzeltagen, rechts von Blütentagen.

weder verschließen wir sie mit einem Deckel oder binden sie mit einem Leinenlappen zu. Aus diesen Kräutertöpfen können wir uns den ganzen Winter über bedienen. Wir stellen die Töpfe in den Kühlschrank oder Keller, damit sie länger halten.
Liebstöckel und Sellerie dürfen immer nur je allein in einen Topf kommen. Das intensive Aroma verdirbt ansonsten alles andere. Wir geben davon gerne zu Erbsen-, Linsen- und Bohnensuppe.

Die einfachste und schnellste Lagerungsart ist das Einfrieren.

Brotaufstrich aus Möhren und Roter Bete

In manchen Jahren hatten und haben wir sehr viele Möhren und Rote Bete. Das brachte mich auf die Idee, es einmal mit Sirup zu probieren. Die Säfte aus diesen Gemüsen werden auf kleinem Feuer eingekocht. Hin und wieder schäumt man schwimmende Fruchtfleischteile ab. Ist das Ganze genügend eingekocht, dann ist ein Brotaufstrich von ganz besonderer Qualität entstanden.
Das Aroma erinnert übrigens gar nicht mehr an Wurzelfrüchte.

Einfrieren – schnell und unkompliziert

Ich friere besonders gerne ein, weil es sehr schnell geht und das ist bei meiner vielen sonstigen Arbeit einfach hilfreich.
Erdbeeren, Johannisbeeren, Himbeeren und Brombeeren kommen in Beutel. Meistens lasse ich sie nicht einzeln anfrieren, weil ich sie hinterher auch nicht einzeln brauche. Wir benötigen sie, um sie im Winter unter Joghurt oder Quark zu mischen. Braucht man die Früchte für die Dekoration oder fürs Kuchenbacken, bitte einzeln anfrieren lassen und erst dann in kleine Beutel packen. So kann man sie auch einzeln entnehmen. An Gemüse sind Erbsen und Bohnen gut fürs Einfrieren geeignet.

Trockenobst lässt sich leicht selber machen.

Trockenobst für kalte Winterabende

Birnen, Äpfel, Kirschen und Zwetschgen lassen sich wunderbar trocknen und sind im Winter besonders lecker – einfach zwischendurch oder als Backobst.
Birnen werden geviertelt, die Schale bleibt dran, aber das Kerngehäuse wird entfernt. Äpfel schälen wir und schneiden sie dann in Scheiben. Getrocknet werden Äpfel und Birnen im Ofen bei kleiner Hitze zwischen 50 und 70 °C.
Kirschen kommen bei uns mit Steinen ins Seitenfach vom Holzofen und trocknen dort innerhalb von drei oder vier Tagen. Bei den Zwetschgen ist es wichtig, dass sie mit dem Stielansatz nach oben getrocknet werden. Tut man das nicht, dann läuft der Saft raus und überall ist alles sehr klebrig.

Mein Lieblingsbrotaufstrich Zwetschgenmus

Zwetschgenmus liebe ich besonders. Frische, reife Pflaumen werden entsteint. Zuerst gibt man etwas Zuckerrübensaft in einen Topf. Für fünf Pfund Pflaumen braucht man 1-Pfund-Glas Zuckerrübensaft. Dann kommen die entsteinten Früchte hinein und alles wird schonend zum Kochen gebracht. Es dauert nun Tage, bis bei schwachem Feuer das Fruchtfleisch langsam eingedickt ist. Wir erhalten auf diese Art ein wertvolles Nahrungsmittel, was sich in kleinen Mengen hervorragend als Brotaufstrich eignet. Es regt den Stoffwechsel und vor allen Dingen die Darmtätigkeit an.

Gurken nach Thun'scher Art

Wenn wir mehr Gurken ernten, als wir essen können, dann freuen wir uns, weil eingekochte Gurken im Winter etwas ganz Feines sind. Die Gurken werden gewaschen und in Scheiben geschnitten. Dann geben wir sie in Einkochgläser mit den gewünschten Kräutern und Gewürzen und übergießen alles mit Wasser. Unsere Spezialgewürze sind kleine Zweige und Blätter von Eiche und Sauerkirsche sowie Weinlaub. Außerdem kommt eine Dilldolde und eine klein geschnittene Zwiebel pro Glas dazu – und natürlich Salz und ein Schuss Weinessig. Die Gläser müssen eine Stunde bei 80 °C sterilisiert werden.

Senfgurken – wie wir sie machen

Wir brauchen für ein Kilo geschälter Gurken einen Teelöffel Salz, einen gestrichenen Teelöffel Senfkörner und Meerrettichwurzelstücke. Zuerst müssen Gurken, die ganz reif sind, gut geschält werden, dann entfernt man das Kerngehäuse. Verwendet man Gurken, die keine Samen ansetzen, müssen wir das Kerngehäuse selbstverständlich nicht entfernen. Nun schneiden wir die Gurken in fingergroße Streifen. Diese werden eingesalzen. Nach 24 Stunden füllen wir die Gurkenstücke in Gläser, allerdings ohne die entstandene Brühe. Dann die Senfkörner und Meerrettichwurzelstücke zugeben und mit Essigwasser (einen Esslöffel Essig pro Liter Wasser) auffüllen. Die Gurkengläser werden 40 Minuten bei 80 °C sterilisiert. Die Senfgurken gibt es bei uns gerne zur Brotzeit mittags oder eben zum Abendessen.

Das kochen wir ein

Wie ich schon vorher geschrieben habe, wird bei uns viel eingefroren. Sind aber die Gefriertruhen voll, dann kochen wir auch schon ein Zuviel an Gemüse ein. Das sind: Blumenkohl, Bohnen, Brokkoli, Erbsen, Kohlrabi, Möhren und Sellerie – und natürlich Gurken, wie oben beschrieben.

Milchsaures Gemüse von bester Qualität

Viele Gemüse lassen sich milchsauer haltbar machen: Allen voran Sauerkraut, aber auch Bohnen, Kohlrabi, Wirsing, Möhren und Rote Bete. Vor einiger Zeit zeigte sich bei einem groß angelegten Versuch, dass sich milchsaure Gurken dann besonders gut halten und sehr lecker schmecken, wenn sowohl die Ernte als auch das Schneiden und Ansetzen an Blüten- und Fruchttagen durchgeführt wird. Die Gurken in Gläsern von Wurzeltagen hatten einen herben Geruch, die von Blatttagen lösten sich sogar in der milchsauren Flüssigkeit auf. Daher machen wir alle die beschriebenen Arbeiten nur noch an Blüten- und Fruchttagen, auch das Einschneiden von Kohl für Sauerkraut.

Hier fing alles an: mein erster eigener Garten in Marburg 1949.

Sauerkraut selbst herstellen

An Blüten- oder Fruchttagen setzen wir Sauerkraut in Gärtöpfen an.

Die Beete und Felder für unseren Kohl bekommen im Herbst 10 Doppelzentner ganz vererdeten Rinderkompost pro Hektar (100 kg pro 100 m^2). In der Wachstumsperiode erhalten die Pflanzen die biologisch-dynamischen Spritzpräparate (Hornmist und Hornkiesel), außerdem spritzen wir mit Tees aus Schafgarbe, Kamille, Brennnessel und Löwenzahnblüte (siehe Seite 34 f.). Die Aussaat, Pflanzung und alle Pflegearbeiten finden an Blatttagen statt. Die Ernte jedoch an Blüten- oder Fruchttagen. Auch für das Einschneiden der Kohlköpfe für die Sauerkraut-Herstellung müssen Blüten- oder Fruchttage gewählt werden. Dasselbe gilt für das Hobeln und Ansetzen in den Sauerkrauttöpfen.

So wird's gemacht: Den Kohl hobeln. Die Menge, die man mit zwei Händen fassen kann, kommt in einen Tontopf. Jetzt 20 Wacholderbeeren, eine Prise Kümmel, zehn Apfelscheiben, einige Möhrenwürfel und einen gestrichenen Teelöffel Salz dazugeben.

Anschließend stampfen wir das Kraut mit einem Kartoffelstampfer aus Holz so lange, bis der erste Saft austritt.

Dann kommt wieder die Krautmenge in den Topf, die man mit zwei Händen fassen kann. Mit den genannten Zutaten wieder stampfen, bis der Topf gefüllt ist oder bis alle Köpfe verbraucht sind. Für die erste Lage dauert das Stampfen am längsten, bei jeder weiteren Lage tritt das Wasser schneller aus.

Nun Wasser in den Topfrand füllen und den Deckel auflegen. Der Topf wird am besten bei 18 bis 20 °C aufgestellt. Ein Blubbern zeigt, dass die Umsetzungen vor sich gehen. Nach zwei Wochen ist das Kraut meist schon fertig. Nicht vergessen: Immer den Topfrand kontrollieren und Wasser nachfüllen.

Sauerkraut enthält viel Vitamin C. Rohe Sauerkrautbrühe hat eine abführende Wirkung.

Unser „Feuer" nach Thun'schem Rezept erfreut sich bei unseren „scharfen" Gästen immer großer Beliebtheit.

Thun'sches Feuer

Wir machen unseren Ketchup gerne selbst. Wir haben einen für jedermann und, weil wir oft Besuch aus Ungarn und Slowenien bekommen, einen für „scharfe" Männer – unser Thun'sches Feuer.
Es werden Tomaten, Paprika, Äpfel, Zwiebeln und Auberginen gemischt – und für die scharfen Männer kommt viel Peperoni dran (also feurige Sorten wählen!).

Und so wird's gemacht: Alle Früchte und Gemüse werden mit etwas Knoblauch durch den Fleischwolf gedreht, etwas Salz und Zucker untergemischt, in Gläser oder Flaschen gefüllt und zwei Stunden bei 90 °C sterilisiert.

Im kühlen Keller lässt sich Obst und Gemüse gut lagern.

IM WINTER

TIPPS ZU DEN EINZELNEN PFLANZEN

Gewächshauspflege

Im Glashaus müssen wir dem Boden unsere besondere Pflege angedeihen lassen, denn er wird stark genutzt und wir können die Fruchtfolge nicht so einhalten, wie das sein müsste, um ihn gesund zu halten.
Im Spätherbst bringen wir einen Eimer Kompost für 2 m^2 aus. Wichtig: Es muss Reifekompost sein. Er wird flach eingearbeitet.

Dicke-Sellerie-Kerle im Gewächshaus erhält man, wenn sie bei Sonne vor Steinbock (18. Januar bis 13. Februar) und Mond vor Stier, Jungfrau oder Steinbock ausgesät werden.

Im Winter lassen wir den Boden sehr gut durchfrieren. Das ist wichtig für die Bodenstruktur.

Der beste Sellerie überhaupt

Wenn die Sonne im Steinbock steht (also vom 18. Januar bis zum 13. Februar), dann wäre es am besten, man könnte Sellerie an Wurzeltagen aussäen. Das werden dann so dicke Kerle. Wunderbar. Leider geht das nur in einem Gewächshaus, das leicht geheizt ist. Daher machen wir das nicht, es ist einfach zu teuer. Aber wer sowieso ein geheiztes Glashaus hat, der sollte das einmal probieren.
Steht die Sonne vor Wassermann (14. Februar bis 10. März) neigen die Pflanzen zum Schossen. Eine kühle Juninacht führt jetzt oft schon dazu, dass keine Knolle mehr ausgebildet wird.

Tausendsassa Knoblauch

Dem Knoblauch sagt man furchtbar viele positive Eigenschaften nach, dass einem ganz schwindelig davon werden kann. Er beugt Arterienverkalkung und anderen Alterserscheinungen vor, hält jung, verlängert das Leben und so weiter. Aber leider kommt es nach dem Genuss zu unangenehmem Körpergeruch, was viele nicht mögen. Ich übrigens auch nicht. So aß ich einmal einen

Hier stehe ich 1975 am Versuchsfeld in Gisselberg.

Teller Linsensuppe, der mit einer Knoblauchzehe gewürzt war. Nach zwei Tagen stand ich in meinem Zimmer und roch Knoblauch. Ich schnupperte hier und roch da, konnte aber lange nicht herausfinden, woher der Geruch kam. Bis ich schließlich meine Arme als Ausgangspunkt feststellen konnte. Seitdem esse ich nur sehr wenig Knoblauch, auch wenn er mir im Prinzip sehr schmeckt. Milch soll helfen. Die Frage ist allerdings, ob die Milch nur gegen Mundgeruch helfen soll. Oder sollte man etwa in Milch baden?

Tomaten säen

Die beste Zeit um Tomaten auszusäen ist an Fruchttagen, wenn die Sonne im Wassermann steht. Das ist vom 14. Februar bis zum 10. März. Die Früchte reifen dann am schönsten aus. Wählen wir dagegen Tage, wenn sich die Sonne vor Fische befindet (11. März bis 17. April), neigen die Pflanzen später zu Pilzbefall und einer verzögerten Reife.

Reiser für Veredelungen

Wollen Sie Edelreiser schneiden, um Obstbäume oder Reben zu pfropfen, dann wählen Sie frostfreie Tage in der Nicht-Pflanzzeit. Am besten sind Fruchttage, aber auch der Impuls der Blütentage ist für die Arbeit geeignet. Bewahren Sie die Reiser kühl und feucht auf, bis Sie sie verwenden.
Veredeln Sie die Gehölze auch während der Nicht-Pflanzzeit, dann befinden sich die Kräfte in den oberirdischen Teilen der Bäume und Sträucher. Wenn Sie zusätzlich Fruchttage wählen, wird es Ihnen durch gesundes Wachstum und reiche Ernte gelohnt.

Hagebutten haben bemerkenswerte Heilkräfte

Wenn wir Hagebutten brauchen, dann ernten wir sie an Fruchttagen in der „Nicht-Pflanzzeit“. Aus den Kernen stellen wir einen Tee her, der die Nierentätigkeit und Wasserausscheidung anregt. Aus den roten Fruchthüllen kann man mit Zugabe von Apfelsaft und Zucker eine leckere Hagebuttenkonfitüre herstellen, die sehr vitaminreich ist.

Schlehen-Milchmix

Ich mag die Schlehe besonders gerne. Sie ist eine Saturnfrucht und hilft bei Erkältungskrankheiten, außerdem unterstützt sie den Blutaufbau.
Die Früchte sind wahre Schätze. Sie dürfen allerdings erst geerntet werden, wenn sie einige Frostnächte hinter sich gebracht haben. Dann erst werden sie süß. Wir stellen aus den Früchten Sirup, Saft und Gelee her. Sehr gut schmeckt ein Milchmix. Und der lässt sich einfach so herstellen: Schlehensaft mit Milch und ein wenig Honig schütteln – trinkfertig.

Hagebutten lassen sich vielseitig nutzen: als Suppe oder Marmelade. Die Samen nehmen wir für Tee.

Unsere Weinversuche. Mit den blauen Manschetten halten wir die Hasen von den Stöcken fern.

Pflanzenporträt Wein

Wir haben wenig Erfahrungen mit Weinanbau im Hausgarten, aber ich glaube, dass die Erkenntnisse aus dem gewerblich genutzten Weinbau genauso auf den Hausgarten übertragen werden können.

Zur Kompostdüngung im Herbst (100 Doppelzentner pro ha) spritzen unsere Weinbauern das Fladenpräparat an Wurzeltagen auf den Boden.

Im Frühjahr muss der Boden möglichst an Fruchttagen bearbeitet und gleichzeitig von einer Hornmistanwendung begleitet werden.

Für den Rebenschnitt empfehlen wir die Pflanzzeit – und hier sind die Löwetage die günstigsten.

Im Folgenden werden Schafgarbe- und Löwenzahnblütentees einmal an Blütentagen morgens aufs Blatt gegeben. Kamillentee spritzt man einmal morgens an Fruchttagen und Brennnessel- und Eichenrindentee morgens je einmal an Blatttagen über die Blätter.

Um die Entwicklung der Blütenknospen fürs nächste Jahr zu fördern, gibt man um die Johannizeit (24. Juni) abends an Blütentagen Baldriantee auf den Boden.

Diese Behandlung führt bei unseren Weinbauern zu gesunden Früchten mit guter Qualität.

So wirken die Tees im Wein- und Obstbau

Schafgarbenblütentee: Diesen Tee spritzen wir morgens an Blütentagen auf die Blätter. Das aktiviert den Kaliprozess und kräftigt

So aufwendig sind unsere Feldversuche. In diesem Versuch testeten wir den Einfluss von verschiedenen Tees auf Wein. Die Ergebnisse können Sie im Text nachlesen.

so die Pflanze. Auf schweflige Spritzungen kann dann verzichtet werden.

Kamillenblütentee: Morgens an Fruchttagen auf die Blätter gespritzt, regt er den Kalziumprozess an, was die Pflanze kräftigt und stärkt. So kann auf Kupferspritzungen verzichtet werden.

Brennnesseltee: Wenn wir den Tee morgens an Blatttagen auf die Blätter der Weinpflanze spritzen, regen wir die vitalen Kräfte an. Das wirkt sich günstig auf den Eisen- und Manganprozess aus.

Löwenzahnblütentee: Spritzen wir diesen Tee morgens an Blütentagen auf die Weinblätter, dann stärken wir die Kieselprozesse, was zu widerstandsfähigem Laub führt. Parasiten können nicht mehr ins Blatt eindringen, was besonders in nassen Jahren wichtig ist.

Baldrianblütentee: Unter die Weinstöcke geben wir diesen Tee in der Johannizeit, bei Obstbäumen und Beerensträuchern auf den Boden. Das wirkt sich sehr positiv auf die Blütenknospenentwicklung aus. Der Tee hilft außerdem, die Folgen von Frostnächten zu mildern. Wir spritzen ihn nach Frostnächten direkt auf die Pflanzen. Das löst einen Wärmeprozess aus. Da die Pflanzen nach der Behandlung meist welken, müssen wir einige Stunden später gut wässern.

Weihnachtsbäume zum richtigen Zeitpunkt schlagen

Will man Weihnachtsbäume für den Eigenbedarf schlagen, dann sollte man Blütentage in der Nicht-Pflanzzeit bevorzugen – am besten kurz vor Weihnachten, dann bleiben die Bäume lange schön. Sollten die Bäume für den Verkauf geerntet werden, dann wählt man auf jeden Fall Tage, die nicht in der Pflanzzeit liegen. Die Säfte befinden sich jetzt in den oberirdischen Pflanzenteilen, was eine bessere Qualität und eine längere Haltbarkeit gewährleistet. Oft treiben die Bäume sogar aus und verströmen einen zarten Tannenduft.

Vom Wesen unserer Bäume

Auch in den Bäumen lässt sich die Viergliedrigkeit (siehe Seite 126 ff.) wiederfinden. So kennen wir den Erdsaft (Flüssigkeit in der Erde, der in die Bäume aufsteigt), den Holzsaft (Flüssigkeit, die in die Blätter transportiert wird), Lebenssaft (in den Blättern). Als vierter „Strom" wird das Kambium angesehen.

So sehen die Zusammenhänge zu den Elementen aus. Erdsaft = Beziehung zum Erdelement. Holzsaft = Beziehung zum wässrigen Element. Lebenssaft = Beziehung zum Licht/Luftelement. Kambium = Beziehung zum Wärmeelement.

Dieselbe Viergliedrigkeit können wir noch einmal an den Baumscheiben beobachten. Erst kommt die Borke, dann schließen sich Rinde und Bast an, die den Fruchtbarkeitsträger, das Kambium, einhüllen und „behüten".

Die eigentliche Düngung sollte über die Rinde erfolgen – durch den bewährten Anstrich (siehe Seite 186 f.). Im Wurzelbereich wirken Pflanzen, wie beispielsweise Brennnessel, Ringelblume, Bienenfreund und Kapuzinerkresse, harmonisierend und halten Schädlinge fern.

Das Hornmistpräparat sorgt dafür, dass Erd- und Holzsaft eine rechte Beziehung zueinander finden. Kiesel unterstützt über Wärme und Licht, dass die Pflanze die Verbindung zu ihrer Umgebung findet und die Sternenkräfte im Kambium wirken können. Beim Baumschnitt und den Veredelungen beachten wir die kosmischen Einflüsse (siehe Seite 132 f.). Mit all diesen Maßnahmen kann man viel für die Bäume tun und ihnen die bestmöglichen Voraussetzungen für gutes und gesundes Wachstum geben.

Der Baum – ein Wesen für sich

SERVICE

Zuordnung zu den Pflanzengruppen

Pflanze	Gruppe
Apfel	Fruchtpflanze
Aprikose	Fruchtpflanze
Artischocke	Blütenpflanze
Asia-Salate	Blattpflanze
Aubergine	Fruchtpflanze
Birne	Fruchtpflanze
Blattkräuter	Blattpflanze
Blattstauden	Blattpflanze
Blumenkohl	Blattpflanze
Blumenzwiebeln	Blütenpflanze
Blütenkräuter	Blütenpflanze
Blütenstauden	Blütenpflanze
Brokkoli	Blütenpflanze
Brombeere	Fruchtpflanze
Buschbohne	Fruchtpflanze
Chicorée	Blattpflanze
Chinakohl	Blattpflanze
Eissalat	Blattpflanze
Endivien	Blattpflanze
Erbse	Fruchtpflanze
Erdbeere	Fruchtpflanze

Artischocke, Blütenpflanze

Brokkoli, Blütenpflanze

Rote Bete, Wurzelpflanze

Pflanze	Gruppe
Esskastanie	Fruchtpflanze
Feldsalat	Blattpflanze
Feuerbohne	Fruchtpflanze
Gartenmelde	Blattpflanze
Getreide	Fruchtpflanze
Grünkohl	Blattpflanze
Gurken	Fruchtpflanze
Haselnuss	Fruchtpflanze
Heidelbeere	Fruchtpflanze
Himbeere	Fruchtpflanze
Johannisbeere	Fruchtpflanze
Jostabeere	Fruchtpflanze
Kartoffel	Wurzelpflanze
Kiwi	Fruchtpflanze
Knoblauch	Wurzelpflanze
Knollenfenchel	Blattpflanze
Knollensellerie	Wurzelpflanze
Kohlrabi	Blattpflanze
Kopfsalat	Blattpflanze
Kürbis	Fruchtpflanze
Lauch	Blattpflanze
Linse	Fruchtpflanze
Mais	Fruchtpflanze

Gurke, Fruchtpflanze

Kresse, Blattpflanze

Johannisbeere, Fruchtpflanze

Pflanze	Gruppe
Mangold	Blattpflanze
Meerrettich	Wurzelpflanze
Mirabelle	Fruchtpflanze
Möhre	Wurzelpflanze
Nektarine	Fruchtpflanze
Neuseeländer Spinat	Blattpflanze
Pak Choi	Blattpflanze
Paprika	Fruchtpflanze
Pastinake	Wurzelpflanze
Pfirsisch	Fruchtpflanze
Pflaumen/ Zwetschgen	Fruchtpflanze
Pflücksalat	Blattpflanze
Porree	Blattpflanze
Preiselbeere	Fruchtpflanze
Quitte	Fruchtpflanze
Radicchio	Blattpflanze
Radieschen	Wurzelpflanze
Rasen	Blattpflanze
Reneklode	Fruchtpflanze
Rettich	Wurzelpflanze
Rhabarber	Blattpflanze
Römischer Salat	Blattpflanze
Rosen	Blütenpflanze
Rosenkohl	Blattpflanze
Rote Bete	Wurzelpflanze
Rotkohl	Blattpflanze

Sonnenblume, Blütenpflanze

Salat, Blattpflanze

Salbei, Blattpflanze

Pflanze	Gruppe
Rucola	Blattpflanze
Sauerkirsche	Fruchtpflanze
Schnittsalat	Blattpflanze
Schwarzwurzel	Wurzelpflanze
Soja	Fruchtpflanze
Sommerblumen	Blütenpflanze
Spargel	Blattpflanze
Spinat	Blattpflanze
Stachelbeere	Fruchtpflanze
Stangenbohne	Fruchtpflanze
Stangensellerie/ Bleichsellerie	Blattpflanze
Süßkartoffel	Wurzelpflanze
Süßkirsche	Fruchtpflanze
Tomate	Fruchtpflanze
Topinambur	Wurzelpflanze
Walnuss	Fruchtpflanze
Wein	Fruchtpflanze
Weißkohl	Blattpflanze
Wildobst	Fruchtpflanze
Ziersträucher, blühende (zum Beispiel Forsythie)	Blütenpflanze
Zucchini	Fruchtpflanze
Zuckerhut	Blattpflanze
Zuckermais	Fruchtpflanze
Zuckermelone	Fruchtpflanze
Zwiebel	Wurzelpflanze

Tränendes Herz, Blütenpflanze

Veilchen, Blütenpflanze

Zitronenmelisse, Blattpflanze

Bezugsquelle – Präparate

Geflügel vom Brunnenhof GbR
Hohe Straße 25
74653 Künzelsau
Tel.: (0 79 40) 227 0
E-Mail: info@brunnenhof.bio
www.gefluegelvombrunnenhof.de

Maria Thun ist am 9. Februar 2012 verstorben. Sie war eine wichtige Pionierin der biodynamischen Landwirtschaft. 1971 gründete sie die „Versuchsstation für Konstellationsforschung im Pflanzenbau“ und hat durch ihre Arbeit die biologisch-dynamische Bewegung in vielen Ländern auf der ganzen Welt geprägt und impulsiert. Neben ihren Versuchen hielt sie während mehr als 60 Jahren Kurse und Vorträge zu ihrem Thema.

REGISTER

Halbfette Seitenzahlen verweisen auf Abbildungen.

Bildnachweis

Mit 200 Farbfotos von Heiko Bellmann, Lonsee (S. 158); Rolf Bühl, Stuttgart (S. 81, 86 o., 87 o., 93); Gartenschatz, Stuttgart (S. 156, 183 re., 184, 210, 211, 212, 213); Keller, Stuttgart (S. 38, 66, 103); Roland Krieg, Waldkirch (S. 6/7, 199); Wolfgang Redeleit; Bienenbüttel (S. 159); Reinhard-Tierfoto/Hans Reinhard, Heiligkreuzsteinach-Eiterbach (S. 2, 20, 24, 26, 29, 30, 35, 46, 47, 48, 55, 57, 58, 59, 60 o. li., 60 o. re., 60 u. li., 61, 65, 70, 74, 77, 79, 82, 84, 86 u., 87 u., 88, 89, 93 u., 111, 113, 114, 117, 119, 124/125, 136/137, 176/177, 192, 202/203, 209); Siegfried Stein, Vastorf (S. 57 u.); Ralf Roppelt, Ludwigsburg (S. 196); Shutterstock: (S. 122); Jutta Schneider, Malsburg (S. 160/161); Jürgen Stork, Ohlsbach (S. 201); Maria Thun, Biedenkopf/Dexbach (S. 7, 10, 12, 16, 17, 19 o., 32, 34, 40, 42, 45, 49, 52, 56, 68, 83, 96, 97, 99, 107, 110, 115 u., 125, 126, 127, 129, 131, 132, 133, 135, 137, 138, 139, 140, 141, 142, 143, 145, 146, 147, 149, 151, 152, 153, 154, 155, 157, 161, 162, 163, 164, 166, 167, 168, 169, 171, 172, 173, 174, 175, 177, 179, 181, 182, 183 li., 186, 189, 194, 198, 200, 203, 205, 206, 207, 208); Jürgen Wolff, Gengenbach (S. 18, 19 u., 23, 27, 60 u. re., 85, 104).

Mit 61 Zeichnungen von Ruth Fritzsche, Offenburg (S. 128, 130, 134, 141, 142, 144, 147, 148, 150, 165, 170, 178, 180, 187, 188, 190, 191, 193, 195, 204); Marianne Golte-Bechtle, Stuttgart (S. 4, 22, 95, 101, 106, 112, 121); Reinhild Hofmann, München (S. 21, 25, 28, 36, 67, 72, 78, 90, 92, 98, 100, 102, 105, 109, 115 o., 118, 120); Horst Lünser, Berlin (S. 41); Johannes-Christian Rost, Stuttgart (S. 8, 14, 39, 44, 51, 53, 75, 80).

Impressum

Umschlaggestaltung von Walter Typografie & Grafik GmbH, Würzburg unter Verwendung eines Farbfotos von GAP Photos / Chris Burrows (Umschlagvorderseite; das Foto zeigt die Kletterbohne 'Anellino Giallo') sowie eines Farbfotos von Angelika Throll-Keller (Umschlagrückseite)

Zusammenstellung der Quellen von Gudrun Braun, Hamburg.

Unser gesamtes Programm finden Sie unter **kosmos.de**.
Über Neuigkeiten informieren Sie regelmäßig unsere Newsletter, einfach anmelden unter **kosmos.de/newsletter**

Gedruckt auf chlorfrei gebleichtem Papier.

ISBN 978-3-440-17205-6
Projektleitung: Birgit Grimm
Redaktion: Angelika Throll-Keller, Christiane Theis
Gestaltung und Satz: typopoint GbR, Ostfildern
Produktion: Klaus Jost
Druck und Bindung: Westermann Druck Zwickau GmbH, Zwickau
Printed in Germany / Imprimé en Allemagne

MIX
Papier | Fördert gute Waldnutzung
FSC® C110508